Biblioteca "Êxito" - 42

CIP-Brasil. Catalogação-na-Fonte
Câmara Brasileira do Livro, SP

Schaill, William S., 1918-
S322L Leitura dinâmica em sete dias : novo método, seguro e eficiente / William S. Schaill ; tradução de Noé Gertel. — São Paulo : IBRASA, 1980.
(Biblioteca êxito ; 42)

Bibliografia.

1. Leitura dinâmica I. Título.

80-0072 CDD-469.843

Índices para catálogo sistemático:

1. Leitura dinâmica : Português 469.843
2. Leitura rápida : Português 469.843

LEITURA DINÂMICA EM SETE DIAS

Novo Método, Seguro e Eficiente

WILLIAM S. SCHAILL

Tradução de

NOÉ GERTEL

2ª Edição

I B R A S A

INSTITUIÇÃO BRASILEIRA DE DIFUSÃO CULTURAL S.A.

SÃO PAULO

Título do original norte-americano:

SEVEN DAYS TO FASTER READING

Capa de
CARLOS CEZAR

Código para obter um livro igual: II-42

Direitos desta edição reservados à
IBRASA
INSTITUIÇÃO BRASILEIRA DE DIFUSÃO CULTURAL LTDA.
Rua. Treze de Maio, 446 - Bela Vista Tel.: 3284-8382 01327-000 - São Paulo - SP

Publicado em 2010

IMPRESSO NO BRASIL — PRINTED IN BRAZIL

O AUTOR E SEU LIVRO

WILLIAM S. SCHAILL nasceu na cidade de Nova York em 1918 e atualmente mora em Bronxville, Nova York. Foi educado nos Estados Unidos, França e Inglaterra e viajou muito pela Europa, América Latina e Caribe. Em certa época foi proprietário de plantações na Virgínia, ao longo do rio James. Mais tarde passou algum tempo sendo pescador de tubarões e capitão de uma escuna comercial. Durante a Segunda Guerra Mundial serviu na Marinha e na Guarda Costeira dos Estados Unidos. Membro do Explorers Club e do Dutch Treat Club, foi sempre um aficionado do mar e da navegação. Em 1949 fundou The Reading Laboratory, Inc., de Nova York. Além deste livro escreveu e editou um grande número de artigos e de material especializado na área do desenvolvimento da leitura.

Corte um cartão de 7,5 cm x 12,5 cm neste formato

Medidor do Movimento dos Olhos

Leia as seis linhas abaixo enquanto alguém conta o número de paradas que fazem os seus olhos em cada linha, usando o orifício. Inverta as posições e conte as paradas que faz seu parceiro.

O que significa para você ler mais depressa e melhor? Ajuda o progresso empresarial porque você termina a leitura obrigatória do escritório, com mais velocidade, sobrando mais horas

para o trabalho construtivo. Ler bem significa ler mais depressa com uma compreensão melhor e uma retenção mais segura daquilo que você leu. Dá a você tempo para todos os belos livros que gostaria de apreciar.

PRÁTICA DE FRASES E DÍGITOS

Este cartão tem três propósitos

1. *Contador do Movimento dos Olhos.* Para checar o número de paradas ou fixações que faz um leitor numa linha impressa, olhe através do buraco para um de seus olhos e conte o número de vezes que o olho salta de parada em parada.

2. *Leitura de Frases.* Use o espaço branco situado no canto esquerdo para as técnicas relâmpago durante a prática de frases e dígitos.

3. *Ritmo.* Quando você lê um livro ou um artigo, coloque o cartão bem em cima da primeira linha da página ou da coluna. Vá baixando suavemente, um pouco mais rapidamente do que você costuma ler, para estabelecer um ritmo de leitura.

USE ESTE LADO PARA O RITMO

AGRADECIMENTOS

"In the Beginning was the Word", reproduzido de *A History of Communitions*, de Maurice Fabre, volume 9, in *The New Illustred Library of Science and Invention*, 1963, Hawthorn Books, Inc.
"Invaders Foiled", reproduzido de *Winston Churchill: A Memorial Edition*, biografia em dois volumes de Lewis Broad. Copyright (c) 1963 by Hawthorn Books, Inc.
"From Midway to Guadalcanal", reproduzido de *A Compact History of the U. S. Navy* (Nova edição revisada), de Fletcher Pratt e Hartley E. Howe. Copyright (c) 1962, by Hawthorn Books, Inc.
"The Shield of Achilles", reproduzido de *The Glory That was Greece* (Nova edição revisada), de J. C. Stobart e R. V. Hopper. Copyright (c) 1964, by Sidegewick & Jackson, Ltd.
"The Secret War of the OSS", reproduzido de *The Fighting Irishman: The Story of "Wild Bill" Donovan*, de Maria Wilhelm.
"Mohammed and he Story of "Wild Bill" Donovan, de Maria Wilhelm. Copyright (c) 1964, by Hawthorn Books, Inc.
"Mohammed and Islam", reproduzido de *The Arabs: A Compact History*, de Francesco Gabrieli. Copyright (c) 1963, by Hawthorn Books, Inc.
"The Earth from Space", reproduzido de *More Great True Adventures*, seleção de Lowell Thomas e Lowell Thomas Jr. Copyright (c) 1963, by Hawthorn Books, Inc.
"Existentialism", reproduzido de *Life After Death*. de Maurice e Louis Becqué. vol. 28. in *The Twentieth Century Encyclopedia of Catholicism*. Copyright (c) 1960, by Hawthorn Books, Inc.
"When They First Short the Tall American", reproduzido de *The Tall American: The Story of Gary Cooper*, de Richard Gehman, Copyright (c) 1963, by Richard Gehman.
"Anglo-American Literature", reproduzido de *The Concise Encyclopedia of Modern World Literature*, editada por Geoffrey Grigson. Copyright (c) 1963, by George Rainbird, Ltd.
"Mussolini's End", reproduzido de *Mussolini: A Study in Power*, de Ivone Kirkpatrick, Copyright (c) 1964 by Ivone Kirkpatrick.

PREFÁCIO

UM NÚMERO CRESCENTE de pessoas acham que precisam de maior leitura hoje em dia. Profissionais, empresários e trabalhadores, que querem progredir mais rapidamente na indústria, estão aprendendo que o caminho para tal começa pelas massas de palavras impressas. Em toda parte homens e mulheres sentem necessidade de absorver uma torrente de novas informações, a fim de compreender as atuais correntes de pensamento mundiais. Eles têm de ler com mais velocidade e melhor.

Em vista dessa necessidade, a direção do *This Week Magazine* deu início a uma pesquisa sobre as técnicas que desenvolveram novos métodos do que pode ser chamado de *Leitura Dinâmica.* Ficamos convencidos de que essas técnicas produziram resultados substanciais no campo da leitura dinâmica e treinaram pessoas em meios de leitura melhores e mais inteligentes.

Muitas escolas e colégios descobriram que os cursos para habilitação na leitura dão uma grande ajuda aos estudantes que lutam sob as pesadas cargas dos atuais programas escolares. Moços e moças treinados na Leitura Dinâmica revelam diferentes vantagens sobre os que não receberam esse tipo de preparação.

Há alguns anos, prestando um serviço aos leitores de nossa revista, decidimos oferecer-lhes alguns artigos que dramatizassem expressamente a prática da Leitura Dinâmica. Das várias autoridades no assunto, escolhemos o Laboratório de Leitura de Nova York e seu presidente, William S. Schaill, como nossos consultores. O Laboratório de Leitura, organizado em 1950, é um dos pioneiros no desenvolvimento das técnicas da Leitura Dinâmica. Dos seus escritórios de Nova York, Philadelphia, Princeton e São Francisco, esta organização desloca equipes de especialistas para escolas e colégios, assim como importantes firmas comerciais do país e do exterior, a fim de ministrarem cursos de Leitura Dinâmica Superior.

Houve uma resposta imediata e favorável aos artigos do *This Week Magazine*. Atualmente o sr. Schaill decidiu apresentá-los neste livro, para que sirvam tanto para os leitores individuais como para os professores de leitura. Apraz-me recomendar o trabalho do sr. Schaill. Cumprindo os princípios de leitura dinâmica, você não gastará muito tempo para aprender, neste livro, o método da Leitura Dinâmica. Mas, como observa o sr. Schaill, você deve concentrar-se e exercitar-se nas técnicas até que possa praticá-las instintivamente e isso leva mais tempo. Acredito que a recompensa corresponderá ao esforço.

Nos últimos anos milhões de norte-americanos aprenderam que não é suficiente apenas ler **mais**. Sob a pressão da informação atual você tem de ler com mais **rapidez e melhor**. É propósito deste livro sobre Leitura Dinâmica mostrar como consegui-lo.

WILLIAM I. NICHOLS
Editor e Diretor Editorial do
This Week Magazine

Nova York
Setembro de 1965

Leitura Dinâmica Em Sete Dias

ÍNDICE

Terceira Parte

A Arte da Leitura — Um Leque de Seleções

PRIMEIRA PARTE

Leitura Mais Veloz

Tabela Para Calcular a Velocidade de Leitura

Para calcular sua velocidade de leitura de palavras-por-minuto, tome o total de palavras de um texto que acaba de ler e procure o número mais próximo do número de palavras que você leu na linha horizontal que está em cima da tabela. Siga esta coluna para baixo até encontrar o número correspondente ao seu tempo de leitura, que aparece na coluna vertical do lado esquerdo. Este será aproximadamente o número de palavras que você leu por minuto.

N.º de palavras→	100	200	300	400	500	600	700	800	900	1000
N.º de minutos↓										
1	100	200	300	400	500	600	700	800	900	1000
1 ¼	80	160	240	320	400	480	560	640	720	800
1 ½	67	134	200	267	330	400	460	530	600	667
1 ¾	57	114	170	228	285	340	400	452	512	572
2	50	100	150	200	250	300	350	400	450	500
2 ¼	44	88	133	178	225	265	310	355	400	444
2 ½	40	80	120	160	200	240	280	320	360	400
2 ¾	36	72	109	146	180	218	255	290	325	364
3	33	66	100	133	165	200	232	265	300	333
3 ¼	31	62	92	123	155	185	215	245	276	308
3 ½	29	58	85	114	145	170	200	230	256	286
3 ¾	27	54	80	106	135	160	186	215	240	266
4	25	50	75	100	125	150	175	200	225	250
4 ¼	23	46	70	94	120	140	165	185	210	235
4 ½	22	44	67	89	110	133	155	177	200	222
4 ¾	21	42	63	85	105	127	147	169	190	210
5	20	40	60	80	100	120	140	160	180	200

Leitura Dinâmica em Sete Dias

VOCÊ ESTÁ PRESTES a ter-se aberto a todo um mundo novo de prazer na leitura. Se ler lhe pareceu difícil antes, este livro mostrará como poderá fazê-lo quase sem esforço. Eu lhe contarei sobre a habilidade com a qual leitores velozes adquiriram velocidade e revelarei como você também pode adquirir velocidade. Se você aprender e praticar as técnicas e os exercícios conscienciosamente, sua taxa de leitura está fadada a dar um salto à frente. E, à medida que você ler mais rápido, você também lerá melhor. O propósito deste livro é mostrar como isto é possível.

O livro está dividido em três partes:
A Primeira Parte revela como ler *mais rápido*
A Segunda Parte revela como *ler melhor*
A Terceira Parte é formada por uma seleção especial de textos de livros sobre vários assuntos. Aqui você pode aplicar suas novas habilidades recém-adquiridas.

O livro é dedicado às grandes leituras e o seu aproveitamento de tais prodígios. Este é um manual de trabalho combinando instrução com demonstrações de técnica e habilidade. Os capítulos são organizados com repetições planejadas, de forma a que o método se discipline em você. Ele se tornará uma parte instintiva de toda sua leitura antes mesmo do fim e você verá sua perícia aumentando logo no início. Eu acredito que qualquer pessoa que usar este livro com aplicação poderá duplicar sua velocidade de leitura.

Antes de prosseguirmos, vejamos qual é a sua velocidade de leitura **no momento**. A seleção seguinte é de *A Conquista do México*, de William Hickling Prescott, um clássico norte-americano que narra a queda de Montezuma, rei dos astecas, nas mãos de Cortez e seus conquistadores em 1519. A parte que escolhi descreve as fabulosas "Edificações de Montezuma", onde hoje está a cidade do México.

Para ser justo, não tente ler mais depressa do que leria se tivesse deparado com esta seção do livro. Para marcar o tempo você precisará de um relógio com marcador de segundos. Marque o tempo adiantado do instante em que vai começar e anote nas linhas abaixo.

—— **MINUTOS** —— **SEGUNDOS**

Quando o ponteiro de segundos atingir aquele ponto — *comece a marcar o tempo.*

MONTEZUMA incentivou o gosto pela magnificência arquitetônica entre seus nobres e contribuiu com sua parte para o embelezamento da cidade. Não contente com a espaçosa residência de seu pai, Montezuma erigiu outra, numa escala mais magnificente ainda.

Esse bloco de edifícios espalhava-se sobre uma extensão tão vasta que, como nos assegura um dos conquistadores, seu terraço à guisa do teto podia proporcionar um espaço tão amplo para 30 cavaleiros fazerem suas corridas de torneio regular. Já descrevi suas decorações interiores, suas inimagináveis tapeçarias, seus tetos incrustados de cedros e de outras madeiras odoríferas, seus apartamentos numerosos e espaçosos que Cortez não hesitou em classificar como superiores a quaisquer outros que existissem na Espanha.

Anexo ao edifício principal havia uma armaria repleta de armas e trajes militares usados pelos astecas, tudo mantido na mais perfeita ordem, pronto para ser usado. O próprio imperador era um perito no emprego da espada índia, e se deliciava assistindo aos exercícios atléticos e aos exercícios simulados de guerra, feitos pela sua jovem nobreza. Um outro edifício era usado como silo e outros como armazéns de diferentes alimentos e equipamentos.

Havia também um imenso aviário no qual pássaros de esplêndida plumagem foram reunidos de todas as partes do império. Ali estavam o cardeal escarlate, o faisão dourado, numerosas espécies de papagaios com seus matizes do arco-íris (predominando o verde-real), e aquele milagre da natureza em miniatura, o beija-flor, que gosta de festejar entre os abrigos de madressilvas do México. Trezentos criados se incumbiam do aviário e na estação da muda cuidavam de recolher a linda plumagem que, com suas tintas multicoloridas, forneciam os materiais para os pintores astecas.

Um edifício separado era reservado para as violentas aves de rapina: os vorazes abutres de várias espécies e as águias de imenso porte, cujo habitat eram os solitários picos nevados dos Andes. Nada menos de quinhentos perus, a carne mais barata do México, eram fornecidos para seu consumo diário.

Junto a esse aviário havia um reduto de animais selvagens, recolhidos nas florestas das montanhas e nos pantanais remotos. A coleção era enriquecida por um grande número de répteis e serpentes, notáveis por seu tamanho e propriedades venenosas, entre os quais os espanhóis observaram a cascavel, que eles chamavam de "o feroz animalzinho com castanholas no rabo".

As serpentes eram confinadas em jaulas revestidas de couro ou pele, ou em valas de lama e água. As feras e as aves de rapina eram providas de compartimentos com espaço suficiente para se moverem, sustentados por vigas, através das quais a luz e o ar corriam livremente.

Extensos jardins se espalhavam em volta dos edifícios. Eram jardins repletos de arbustos e flores aromáticas e plantas medicinais, cujas virtudes eram perfeitamente compreendidas pelos astecas. Fontes de água pura borbulhavam a meio esse labirinto de bosques e arbustos de doce aroma. Iluminados e belos pavilhões, dominando piscinas de água límpida, ofereciam abrigo contra o calor do verão mexicano.

Mas a residência mais luxuosa do monarca asteca era a colina real de Chapultepec, consagrada pelas cinzas de seus ancestrais. Ficava a oeste da capital, cercada pelas águas do rio Tezcuco. Na sua crista imponente de pedra purpúrea lá está, agora, o magnificente, embora desolado, castelo erigido pelo jovem vice-rei Galvez, no final do século XVII. A vista, de sua janela, é uma das mais belas do México e os jardins de Montezuma estendem-se por quilômetros em torno da base da colina. Mesmo hoje eles são sombreados por gigantescos ciprestes, com mais de 50 pés de circunferência, que já eram seculares no tempo de Cortez.

Pare de marcar

Terminado em ____ MINUTOS ____ SEGUNDOS

Para você encontrar o seu tempo de leitura, use a tabela da página 17. A seleção contém cerca de 630 palavras. Querendo, você pode encontrar seu tempo da seguinte maneira:

Multiplique 630 por 60 e terá 37.800.

Calcule o número de segundos que você levou para ler o texto selecionado. Suponha que foi de 145 segundos. Divida 37.800 por 145. A resposta é a sua marca: 260 palavras por minuto.

Usando o número de segundos que você realmente levou para ler o texto selecionado, calcule sua marca e escreva-a na linha abaixo. Este é o seu primeiro teste de velocidade e representa a velocidade de leitura que você tem no presente.

VELOCIDADE ORIGINAL ____________ PPM

Qualquer que seja sua velocidade, deixe de lado agora o relógio e concentre-se nas duas séries de pontos que iremos abordar no restante deste capítulo. Elas consistem, em primeiro lugar, de três conceitos básicos do método pelo qual você lê mais rapidamente e melhor e, em segundo, dos sete passos pelos quais você conseguirá ler com velocidade.

Os Três Conceitos Básicos

1. O Conceito do Movimento dos Olhos. Todos lêem — mas para a maior parte das pessoas a leitura é um processo a esmo. Você aprende a ler no primeiro ano da escola e lê à medida que vai crescendo. Mas você já parou para pensar na possibilidade de alguém jamais tê-lo ensinado *como* ler? Quero dizer com isso que ninguém explicou a mecânica ou a filosofia da leitura e lhe disse como fazer para que esse processo natural o ajude a desenvolver a velocidade e uma compreensão mais rápida.

Por exemplo: quando você pega uma carta, um jornal, uma revista ou um livro, os seus olhos ***parecem*** mover-se suavemente sobre as linhas impressas, da esquerda para a direita. Mas a verdade é que eles se movem numa série de saltos. Seus olhos param — "fixam", como dizem os especialistas — e registram uma palavra ou duas. Em seguida eles pulam para a direita e repetem o processo até que você tenha lido a linha inteira. Você só lê durante as paradas ou fixações.

Para testar isso, use o cartão que está inserido neste livro. Leia as instruções e peça a alguém para checar o movimento de seus olhos olhando através do buraco. Tente a mesma experiência com seu parceiro. Focalize um de seus olhos através do buraco e observe como ele salta da esquerda para a direita à medida que ele lê as linhas impressas. Há dez palavras no alto da linha do cartão. Se os olhos dele saltaram dez vezes, ele é um leitor de palavra-por-palavra. Falaremos sobre isso mais adiante.

2. O Conceito da Relação Olho-Mente. Nós lemos com os olhos, é claro. Mas os olhos são apenas uma câmara que fotografa as imagens para a mente, que traduz as idéias. É a mente que preserva o que você lê, não os olhos. Mas, uma vez que a mente só pode receber as imagens através dos olhos, os olhos devem ser treinados para registrarem essas palavras-imagens rápida e seguramente.

3. O Conceito do Propósito da Leitura. Daqui em diante você abordará tudo o que lê *com um propósito.* Você empreenderá muitas espécies de leitura com muitos propósitos. Tanto a compreensão como a retenção ficam mais aguçadas quando seu propósito for fixado antecipadamente. Você não perderá tempo deixando seus olhos vaguearem pela página. Você colocará sistematização e eficiência em sua leitura.

Essa especie de seletividade é mais uma das vantagens da Leitura Dinâmica, como é a crescente velocidade. Lembre-se: você não precisa ler cada palavra de cada pedaço de papel que aparece na sua mesa. O meio eficiente é fazer uma rápida estimativa de sua natureza e de seu valor para você. Depois decida, se e como você o lerá. Isso poderá poupar muitos minutos em favor de seu dia de trabalho.

Você pode aplicar essa mesma avaliação em tudo que lê, seja para apenas informar-se ou para seu entretenimento, seja pelo prazer de se enriquecer com a leitura de uma novela bem escrita ou de uma biografia.

As pessoas que ainda não aprenderam a concepção total da Leitura Dinâmica, freqüentemente fazem duas perguntas: "Se eu aprender a ler rapidamente, não perderei muita coisa, particularmente a beleza da escrita imaginativa?" A outra pergunta é: "Será que eu não perderei questões importantes se eu ler artigos muito depressa?"

A experiência mostra que o leitor veloz se lembra mais — não menos — daquilo que lê, porque ele aprendeu a ser um leitor eficiente. A compreensão aumenta porque ele sabe *por que* lê e o por que ele se concentra mais. Quanto à beleza, a Leitura Dinâmica requer mudanças de velocidade para os diferentes materiais de leitura. O leitor treinado diminui a velocidade quando quer saborear a beleza da poesia, do drama, de bonitas passagens de uma biografia ou de uma novela. Ele regula a velocidade de acordo com aquilo que está lendo.

Assim, agora você tem os três conceitos básicos da Leitura Dinâmica:

1. Um completo domínio da *mecânica olho-movimento*, que governará muito as técnicas para uma leitura mais veloz, será mostrado mais tarde.

2. Uma compreensão da *relação olho-mente*, que condiciona a compreensão e a retenção do que você lê.

3. Uma advertência a respeito de seu *propósito de leitura antes* que você comece a ler. Isso fará com que você leia diferentes espécies de materiais em diferentes velocidades e reduza o tempo total que você gasta na leitura. Lembre-se dos conceitos e você verá logo como surgirão deles as destrezas da Leitura Dinâmica.

Agora estamos preparados para refletir sobre a habilidade e a técnica pelas quais você aumentará a velocidade da leitura natural. A habilidade e a técnica serão desenvolvidas nos sete capítulos seguintes, mas eu acho que um rapido resumo ajudará você a ver este método inteiro em perspectiva.

Sete Dias para Ler Mais Rápido

1. Você pré-lê primeiro. Antes de começar a ler

qualquer coisa você estabelece seu propósito e então faz um rápido e minucioso exame. Se for um artigo de revista, por exemplo, você

a. Lê o título e a introdução explicativa.
b. Observa o nome do autor.
c. Olha as ilustrações e lê as legendas.
d. Lê todos os negritos ou grifos, números, e todos os quadros e gráficos.

O próximo capítulo explica este processo à medida que é aplicado às várias espécies de leitura. A questão que quero destacar aqui é que pela pré-leitura você decide o quanto do artigo lhe será útil ler. Às vezes a pré-leitura dará a você tudo o que precisa saber de um artigo, com a conseqüente economia de tempo.

Como um leitor dinâmico, você não lê tudo o que aparece. Você é seletivo. Você indaga seus *propósitos* antes de se pôr lendo e descobrindo, dez ou quinze minutos mais tarde, que está perdendo tempo. Um dos meios de acabar com a massa de material de leitura que aparece diante de todos nós — atenção empresários! — é não ler a não ser que você deva. Mas guarde na memória que o mero prazer pela boa leitura é um dos melhores propósitos.

2. Você lê por frases. A velocidade com que você lê uma linha impressa depende diretamente do número de paradas ou fixações que fazem seus olhos. Numa linha de doze palavras, se seus olhos apreendem apenas uma palavra cada vez que eles param, eles farão doze paradas. (E alguns pobres leitores só conseguem apanhar *parte* de uma palavra em cada parada!) Se você aumentar o período de tempo de recognição e apreender duas palavras, as fixações serão reduzidas pela metade: seis.

Se seus olhos podem apreender três palavras em cada parada, as fixações são reduzidas a quatro! É óbvio que essa é uma das primeiras preocupações da leitura veloz. Quanto mais seus olhos absorvem em cada fixação, mais você encurta o tempo de leitura. Explicarei os meios para se conseguir isso no **Capítulo Segundo.**

3. Você se concentra quando lê. O maior impedimento para uma boa leitura eficiente e retentiva é a desatenção. Sua mente precisa estar plenamente absorta. Você não pode deixar que seus pensamentos vagueiem enquanto seus olhos acompanham as linhas da escrita. A menos que você se concentre, os olhos não transmitem imagens claras à mente.

A falta de atenção é refletida naquilo que chamamos de "regressões". O leitor inseguro lança seus olhos de volta para uma ou duas palavras, ou para uma ou duas linhas, porque teme que tenha deixado passar alguma coisa. Com leitores destreinados isso é habitual, e essa falha é um assassínio da leitura rápida porque ela retarda o prosseguimento com interrupções. A não ser que o leitor se concentre e mantenha sua mente absorta, essas regressões continuarão a atormentá-lo, e ele nunca se tornará um leitor rápido e eficiente.

4. Você pratica os exercícios da leitura rápida. Para conseguir velocidade você tem que desenvolver constantemente seu desempenho para além do que seja um ritmo razoável. Para conseguir esse objetivo, você deve aumentar seu período de tempo de reconhecimento através de técnicas que são explicadas no Capítulo Quarto. Deve também acelerar o *índice de percepção* pelo qual a mente reconhece e aceita palavras-imagens dos olhos. Você aprenderá técnicas instantâneas para superar a "visão preguiçosa". Você aprenderá a focalizar seus olhos exatamente um pouco acima de uma linha impressa, em vez de fazê-lo diretamente nela, uma técnica que tende a fazer as frases sobressaírem. Estes exercícios estão, para a velocidade da leitura, como os exercícios dos dedos estão para o estudante de piano. Eles proporcionam a prática essencial para se adquirir um suave desempenho.

5. Você domina os saltos e o correr dos olhos. Estas são habilidades que todos os Leitores Modernos empregam para perpassar rápido o texto. Mas há um padrão para ambos. Eles não são movimentos casuais dos olhos sobre uma página impressa. A técnica consiste em aprender como saltar e correr os olhos com a certeza de que você não está deixando passar nada que seja importante. Os métodos corretos são descritos no Capítulo Quinto.

6. Você constrói seu vocabulário. A leitura rápida e eficiente depende antes de tudo de um amplo vocabulário. Você não pode ler rapidamente a não ser que sua mente reconheça instantaneamente as imagens das palavras e das frases que seus olhos transmitem. Se o seu vocabulário for limitado, você deve trabalhar para edificá-lo.

A maioria das pessoas tem um vocabulário que pode ser dividido em três categorias: *Ativo* (palavras que elas usam normalmente na oratória; *De Reserva* (palavras que conhecem mas não empregam em conversações, embora possam usá-las na escrita) e *Passivo* (palavras que as pessoas reconhecem como imagens quando as encontram, mas que não sabem ao certo o que significam, razão pela qual não as empregam). Se esta for uma boa estimativa de seu vocabulário — e provavelmente é — seu objetivo é não apenas aprender novas palavras, mas transferir as palavras das categorias *de reserva e passiva*, para o seu vocabulário *ativo*. Lembre-se: você nunca está absolutamente seguro quanto a uma palavra, até que você a diga e a empregue em conversações.

7. Você aprende a regular sua velocidade de leitura. Como já afirmei antes, você aprenderá a ajustar sua velocidade à espécie de leitura que você está fazendo, não importa a rapidez com que você *pode* ler. Você não dirige seu automóvel à mesma velocidade todo o tempo. Você está sujeito às condições da estrada, do tráfego e à natureza de sua incumbência. Da mesma forma, você não tenta correr sobre um texto de Shakespeare ou sobre um artigo de astrofísica. Você muda a velocidade e ajusta seu ritmo de acordo com aquilo que está lendo.

Agora que você já sabe o que é leitura dinâmica em sete dias, permita-me apresentar os objetos que você alcançará, usando este livro. As chances são de que você não é, atualmente, um leitor realmente eficiente, agudamente consciente de como ler com um propósito. Você deixa sua mente vaguear enquanto olha para uma página, e assim não apreende nem retém com todo seu potencial. O objetivo é ajustar todos os seus sentidos a fim de completar o envolvimento no processo da leitura. Você tem que ficar alerta, absorvido, de forma a antecipar as próximas palavras do autor. Sua atenção tem que ficar completamente empenhada.

Para provar o que isto pode fazer por você, quero aplicar um outro teste de tempo agora. Mas desta vez você tem que empenhar-se, concentrar-se, ler com todos os seus sentidos alertas e com sua mente plenamente absorta, do começo até o fim. Sem perder a compreensão, leia o mais depressa que puder. Este texto selecionado é uma continuação da história de Montezuma, de forma que o estilo e o nível da leitura são os mesmos do primeiro teste. Pegue seu relógio e prepare-se.

Hora do Início ______ MINUTOS ______ SEGUNDOS

O estabelecimento doméstico de Montezuma era, como tudo o mais, a seu redor da mesma escala de esplendor bárbaro. Ele podia ostentar tantas mulheres quanto um sultão oriental. Elas eram instaladas em apartamentos dotados de todas as acomodações para o conforto e a higiene pessoais. Passavam duas horas tocando e bordando, especialmente em trabalhos com penas, material fornecido pelos aviários reais.

Elas se comportavam com rigoroso decoro, sob a supervisão de mulheres idosas, que desempenhavam papel de governantas. O palácio dispunha de numerosos quartos de banho, e o próprio Montezuma dava exemplo com suas freqüentes abluções. Tomava banho pelo menos uma vez por dia e trocava de roupa quatro vezes por dia. Jamais usava uma roupa pela segunda vez. Mas dava-a a seus criados. Nem mesmo sua contemporânea Elizabeth I podia custear trajes tão caros.

O imperador tomava suas refeições sozinho. O perfeito soalho do salão era coberto com centenas de travessas de comida mantidas quentes sobre o fogo. O rol real de alimentação incluía caça de florestas distantes e peixes que, no dia anterior, haviam sido pescados no Golfo do México.

As refeições eram servidas por criados nobres e criadas selecionadas por sua beleza e graça. Um biombo de madeira ricamente talhada e dourada cercava o imperador para isolá-lo de olhares vulgares enquanto comia. Sentava-se numa almofada e seu jantar era servido numa mesa baixa coberta por uma delicada toalha de algodão. Os pratos eram feitos da melhor louça de cholula e todo o serviço de mesa não poderia ser utilizado uma segunda vez, mas sim dado aos criados. A sala de jantar era iluminada com tochas feitas de madeiras resinosas, que exalavam um doce aroma enquanto ardiam.

O imperador jamais tomava nada a não ser o *chocolate,* uma bebida de chocolate aromatizado com baunilha e outros temperos, reduzida a uma espuma de consistência igual à do mel que se dissolvia gradualmente na boca. Essa bebida era servida em cálices de ouro, com colheres do mesmo metal ou feitas de casca de tartaruga finamente trabalhada.

A sobremesa do imperador asteca era uma variedade de frutas frescas das saborosas árvores tropicais, pegas meio a verdes arvoredos e trazidas à capital por meio de portadores. Depois de aplacado o apetite real, as criadas lhe ofereciam água numa bacia de prata; traziam-se cachimbos feitos de madeira ricamente dourada e envernizada, dos quais Montezuma inalava a fumaça de ervas tóxicas, "chamadas tabaco", misturadas com âmbar líquido. Enquanto fumava, ele assistia à exibição de seus prestidigitadores e saltimbancos, dos quais havia um corpo regular adido ao palácio. Nenhum povo, nem mesmo os da China ou do Indostão, superava os astecas em feitos de agilidade.

Depois de suficientemente refrescado o espírito com essas variadas distrações, o imperador preparava-se para dormir, pois na sua "siesta" ele era tão regular quanto qualquer espanhol. Acordando, dava audiência aos embaixadores de estados estrangeiros, ou das suas cidades tributárias, ou aos chefes de sua preferência.

Eles eram introduzidos pelos jovens nobres e, qualquer que fosse seu posto, a menos que tivessem sangue real, eram obrigados a submeter-se á humilhação de cobrir suas luxuosas roupas com um manto grosseiro de estopa e inteiramente descalços, com os olhos baixos em sua presença.

O imperador dirigia breves observações aos requestadores, que se retiravam com a mesma reverência obediente, tomando o cuidado de não dar as costas ao monarca. Bem que Cortez exclamaria que nenhuma corte, nem mesmo a do Grande Senhor ou de qualquer outro pagão, jamais apresentou um cerimonial tão pomposo e elaborado!

A manutenção dessa corte de alguns milhares de indivíduos envolvia pesadas despesas e requeria cálculos complicados. Mas tudo na vida doméstica de Montezuma era conduzido em perfeita ordem; todas as receitas e despesas eram assentadas na pictografia do país.

Os caracteres aritméticos eram ainda mais refinados do que os usados para as letras.

Este era o quadro do estabelecimento doméstico e do estilo de vida de Montezuma, vistos por Cortez e seus seguidores.

*Fim de marcação do tempo:*___MINUTOS___SEGUNDOS

Este trecho selecionado tem aproximadamente 730

palavras. Suponho que você passou por ele com um indíce bem mais rápido que o alcançado no primeiro. Desta vez você leu o texto com seus sentidos alertados. Você estava concentrado nas palavras. Sua mente esteve plenamente absorta. Agora use a tabela ou a fórmula matemática simples que lhe apresentei para medir sua velocidade de leitura e verificar o quanto melhorou desta vez. Anote sua marca.

MARCA DA SEGUNDA VEZ_____PPM

Isto é que se chama Leitura Dinâmica, e ela pode revolucionar sua vida. Ela funciona, se *você* funcionar. Quando você tiver dominado o método neste livro, descobrirá que sua velocidade de leitura aumentou enormemente — talvez tenha até dobrado. E você terá aberto uma nova fonte de prazer.

CAPÍTULO UM

Primeiro Dia: Pré-leitura

A PRÉ-LEITURA APLICA-SE unicamente à não-ficção. Também não faz parte da leitura rápida, embora deva ser feita rapidamente, pois do contrário perde seu valor como poupador de tempo. Isto significa simplesmente que em lugar de começar a ler cegamente, você dá uma rápida olhada preliminar em cada artigo, relatório, numa longa carta comercial ou num livro de não-ficção, a fim de verificar de que se trata e de avaliar sua utilidade *para você*. Se tiver valor, você volta a ler o texto integralmente. Mas quando um leitor adquire habilidade nesta técnica, a pré-leitura fornecerá a essência de um artigo inteiro.

A Técnica da Pré-leitura

1. Artigos de revistas. Leia primeiro o título, assim como alguns subtítulos que o acompanham. Isso já dará uma idéia geral do assunto. Observe o nome do autor e, se não lhe for familiar, leia os fatos a seu respeito que estiverem na página. Isso lhe dará a dimensão da sua autoridade. Examine as tabelas, os gráficos, os negritos e os números em destaque. Olhe as fotografias e leia as legendas.

Em seguida, leia os primeiros parágrafos inteiros, já que eles contêm a abordagem do autor frente a seu artigo. Conhecido por seu tema, leia somente as primeiras sentenças dos parágrafos que se sucedem. Se o artigo estiver bem organizado, os parágrafos começarão com **sentenças tópicas**, cada qual ventilando o assunto do parágrafo. Lá pelo fim do artigo, quando o autor começa a tirar suas conclusões, comece a ler por inteiro outra vez.

Num tempo o mais rápido possível, você pré-leu um artigo com um ou mais dos seguintes resultados:

a) Você tem a essência do artigo e não precisou lê-lo por inteiro, uma significativa economia de tempo.
b) Você constata que ele tem uma grande dose de novas informações importantes, e o lerá por inteiro.
c) Sua pré-leitura forneceu uma dupla segurança de retenção, uma vez que, quando você ler o artigo por inteiro, voltará a tomar conhecimento dos fatos importantes. Sua mente, além disso, tem uma estrutura lógica onde se inserem outros fatos.

2. **Relatórios comerciais.** Estes podem representar uma carga pesada no cotidiano de um empresário e a técnica de lidar com eles é bem similar à empregada na pré-leitura de artigos de revistas. Sua primeira olhada visa a determinar se um relatório qualquer tem algo a ver com

aspectos de negócios que interessam a *você.* Se não tiver, você terá justificativas para não ler ou atirá-lo na cesta. Mas é melhor passar os olhos primeiro. Leia os dois ou três primeiros parágrafos, vire as páginas rapidamente e pare nas tabelas ou nas estatísticas, para certificar-se de que elas podem ser seguramente puladas. Leia os títulos e passe os olhos nas conclusões. (Veja o Capítulo quinto para a técnica de passar os olhos). É provável que algum gerente de um distante departamento tenha feito uma recomendação que afete diretamente a sua própria atividade.

3. **Cartas comerciais.** Um método rápido de três fases ajuda a liquidar uma pilha dessas cartas. Uma olhada no cabeçalho da carta e depois na assinatura dá uma estimativa imediata sobre a importância que ela possa ter para você. A maioria das cartas vão diretamente ao assunto, como deveria ser qualquer carta bem feita. Mas, às vezes, os primeiros parágrafos são evasivos ou vazios. Nestes casos, pule quase dois terços da carta, para chegar onde está oculto o ponto central.

4. **Pesquisa.** A pré-leitura é inestimável para quem quer que colecione material para utilizá-lo num artigo, num jornal, num discurso ou num livro. Quando o interessado começa sua pesquisa numa biblioteca, ele simplesmente anota os itens que parecem relacionar-se com seu assunto. Assim, em lugar de perder horas lendo esse volume de material, a pré-leitura informa-o rapidamente se um determinado título vale a pena ser lido mais tarde. Em lugar de passar os olhos a esmo, o pesquisador eficiente organiza sua tarefa através de uma pré-leitura.

5. **Livros.** Quando você não estiver certo de que quer

empregar o tempo lendo um livro de não-ficção, a pré-leitura oferece a base de decisão. O autor e o título já o atraíram, é claro, mas os títulos são, às vezes, enganadores, elaborados mais para atrair os olhos do que para oferecer a chave do assunto. Um subtítulo poderá ajudar a explicá-lo, mas na maioria dos casos uma leitura da orelha pode fornecer não só um rápido sumário do livro como uma breve biografia do autor.

Se seu interesse for despertado, dê uma olhada no índice. A introdução feita pelo autor também é útil, uma vez que aqui ele geralmente esclarece seus propósitos. Muitos livros de não-ficção são tão cativantes quanto qualquer criação de um novelista e o leitor não necessita hesitar em mergulhar nele. Mas um pouco de pré-leitura ainda servirá para colocar você na linha do autor e tornar a leitura mais agradável. E se for uma biografia ou uma obra de história, você não precisa sentir que está trapaceando, se resolver ler o último capítulo. Seu prazer e sua compreensão do todo aumentarão se você tiver uma boa impressão sobre as conclusões do autor.

5A. Capítulos do livro. Quando você fica em dúvida sobre as vantagens de ler determinado livro de não-ficção, pode aplicar a técnica da pré-leitura dos primeiros capítulos.

Meu conselho é que se pré-leiam os primeiros dois ou três capítulos, depois os últimos dois, nos quais o autor recapitula e resume. Esta é uma habilidade particularmente valiosa que os estudantes devem adquirir quanto antes melhor. Calouros frequentemente se assustam com o tamanho das suas tarefas de leitura e muitos falham porque jamais aprendem a ajustar-se a tal carga. A resposta é simples. Pré-ler o texto inteiro de um livro fornece uma visão global do que o curso retrata. Então o estudante tem uma idéia mais objetiva do caminho que está seguindo. Sabe o que o espera e está preparado. Isto vale não somente para os livros de texto como para a maciça leitura suplementar exigida pelas escolas. Os estudantes podem estender a pré-leitura, aqui, para uma rápida olhada numa enciclopédia, para obter uma estimativa sobre o autor, sua posição na literatura e na história.

6. Jornais. A pré-leitura não se aplica a notícias. Assim, os jornais são indicados para um tipo especial de pré-leitura. Os títulos e subtítulos dão idéia do assunto. Os fatos mais importantes estão nas primeiras frases: o "lead".* Por exemplo:

"Mantendo guardas e clientes acuados
com metralhadoras portáteis,
dois homens mascarados assaltaram o
Tenth National Bank na tarde de ontem
e fugiram com cerca de $ 30.000".

Assim o "lead" de uma notícia pode ser lido. O relato continuará fornecendo fatos complementares, mas que vão ficando cada vez menos importantes. Darão detalhes que são pertinentes e interessantes mas que podem ser passados por cima, já que você tem o principal esquema da história.

* "Lead" — É a síntese da notícia, logo no primeiro parágrafo. (Nota da Ed.)

Este estilo de organização não se aplica às outras seções do jornal. Colunistas, reportagens especiais, editoriais e resenhas de livros podem ser pré-lidos, se você quiser, se bem que o jornal é um material de interesse tão imediato que a pré-leitura deve ser a mais rápida, uma espécie de técnica de vaivém, que você mesmo desenvolverá com o tempo.

Comece a Praticar a Pré-Leitura Agora

A pré-leitura é o primeiro de sete *passos* da leitura dinâmica. Para que surta efeito, a técnica tem que se tornar um hábito. Você deve se lembrar de praticá-la toda vez que se deparar com uma matéria de não-ficção. Você decidiu transformar-se num leitor melhor e mais veloz. Fará isso por si mesmo, sem a disciplina que as aulas regulares de uma escola fornecem. E para ter êxito você deverá aplicar conscienciosamente as técnicas da Leitura Dinâmica em tudo o que você ler. Não se concentre nelas apenas nos períodos de trabalhos ajustados ao instante que você está usando este livro. Empregue as técnicas constantemente. É assim que você adquirirá o hábito.

É importante lembrar que a pré-leitura é um rápido lance de olhos. Não permita que ela se transforme numa operação de lazer da qual você subitamente extrai uma excitação que a leitura rápida possa oferecer. A pré-leitura não deve ser isso. Seu primeiro propósito é economizar tempo. Este objetivo será perdido, a menos que você tire conclusões prontamente.

CAPÍTULO DOIS

Segundo Dia: Leitura de Frases

O BÁSICO NA LEITURA RÁPIDA é aprender a *ler em frases*. Isto significa simplesmente abarcar "pedaços visuais" mais amplos à medida que os seus olhos se movem através de uma linha impressa. Como já expliquei na Introdução, os seus olhos lêem palavras em uma série de paradas ou "fixações", pulando para a direita depois de cada parada, para apanhar o próximo pedaço da linha. Você só lê quando os seus olhos estão parados. Quanto mais palavras seus olhos podem apanhar em cada pedaço, menos paradas serão necessárias em cada linha e mais rapidamente você lerá. Ampliando o que é chamado de seu "vão de reconhecimento" você automaticamente aumenta a sua velocidade de leitura.

Para testar o seu atual *vão de reconhecimento* tente focalizar seus olhos na sexta palavra da próxima linha.

Embora você venha a fixar-se conscientemente numa só palavra, seu *vão de reconhecimento* deverá levá-lo a ler a palavra da esquerda e a palavra da direita,— talvez um pouco mais. À medida em que você for esticando sua *visão lateral*, o vão de reconhecimento se ampliará e você observará mais palavras em cada fixação.

Se você estiver lendo uma lista de palavras não relacionadas, terá que ler palavra por palavra. Mas numa leitura normal as palavras são mantidas juntas pelo significado mais amplo de frases e sentenças. As sentenças são criadas em **unidades de significação**. Os olhos e a mente podem ser treinados para absorver essas *unidades de significação* muito mais rapidamente se você ler em frases em lugar de ler palavra por palavra.

Passar da leitura palavra por palavra para a leitura de frases, não só fará aumentar sua velocidade de leitura, como apressará sua compreensão. O leitor de palavra por palavra vai obtendo sua informação muito lentamente para ocupar sua mente. O leitor lento pode *pensar* muito mais depressa do que pode *ler*. Sua mente não fica plenamente ligada às idéias da página porque elas entram muito devagar. Seus pensamentos vagueiam. Surgem outras idéias. Pouco tempo depois o leitor já não se está concentrando no significado do que seus olhos estão vendo, porque se torna incapaz de manter sua mente completamente envolvida.

O leitor de frases não terá esse problema de atenção dispersa. Ele recebe as idéias da página impressa com rapidez suficiente para manter sua mente ligada ao assunto em sua mão. Isso porque ele lê da mesma forma que pensa: pela aproximação de um conjunto de idéias. Em lugar de construir gradualmente um esquema de idéias, palavra por palavra, ele as agarra em conjunto, exatamente como elas estavam na mente do autor. Como ele está em contato mais imediato com o autor, a compreensão melhora inevitavelmente e com ela a retenção dos fatos e das idéias que ele lê. Sua mente recebeu as imagens claramente — e elas ficam.

As Três Espécies de Leitores

Para se compreender mais claramente como a leitura da frase melhora a habilidade, vamos procurar saber que espécie de leitor você é *agora*. Há três espécies, e é fácil fazer seu teste.

Primeiro o *leitor motor*. Ele forma palavras com os lábios, como se estivesse lendo em voz alta e, assim, só pode apreender uma palavra de cada vez. Você talvez seja um leitor motor, ainda que seus lábios não se movam. Faça você mesmo este teste: coloque seus dedos sobre a garganta. Agora, leia. Se você sentir qualquer movimento na laringe (exceto sua pulsação natural) é porque você ainda é um leitor motor, apreendendo uma palavra de cada vez. Isto significa que você pode ler silenciosamente somente com a rapidez que você leria em voz alta.

Segundo, o *leitor auditivo*. Embora seus lábios e sua laringe não se movam, ele ouve cada palavra no seu "ouvido mental". Você pode fazer um teste neste caso também. Abra um livro que estiver à mão. Fixe seus olhos numa página qualquer, mas antes de começar a ler diga em voz alta uma frase qualquer, como "Maria tinha um cordeirinho". Repita esta frase várias vezes e depois comece a ler, repetindo sempre em voz alta "Maria tinha um cordeirinho", à medida que tenta ler. Se você não conseguir compreender o que está lendo — se as palavras forem somente uma mistura sem significado — então você é definitivamente um leitor auditivo.

Ainda que compreenda o que você está lendo, a despeito da insensatez do que está repetindo, você ainda pode ser um leitor auditivo. Leia os próximos parágrafos do mesmo livro. Agora pare e pense. Você estava consciente de que esteve lendo palavras? Ouviu-as na sua cabeça? Então receio que você continue sendo um leitor auditivo.

O leitor auditivo pode ler mais depressa do que o leitor motor, mas continua em desvantagem para atingir alta velocidade porque é atrasado pela necessidade de "ouvir" as palavras em sua mente.

Terceiro, o *leitor de olhar*. Ele se ajusta perfeitamente ao caso de relação olho-mente, que se descreve na Introdução. Seus olhos fotografam as palavras que, por sua vez, são imediatamente traduzidas em idéias na sua mente, sem a ajuda do sentido vocal ou auditivo. Obviamente ele tem um bom ponto de partida para se tornar um leitor veloz, tão logo seja treinado nas técnicas que o tornarão consciente de como usar seu talento.

A Prática na Leitura da Frase

Um dos meios mais rápidos de passar de leitor motor ou leitor auditivo para leitor de olhar é praticar a leitura de frases. Aqui estão três exercícios destinados a treiná-lo, aos quais você deverá voltar periodicamente para recordar.

Exercício 1: Use o gráfico de oscilação dos olhos adiante. Olhe rapidamente para cada barra preta, fazendo rápidos movimentos de linha a linha, como se você estivesse fazendo os movimentos de leitura.

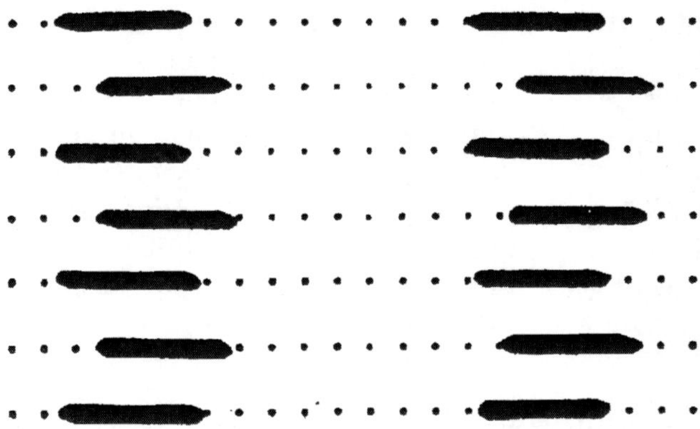

Os espaços das três linhas abaixo fornecem o mesmo modelo para se praticar a oscilação dos olhos. Leia com uma oscilação consciente dos olhos; isso o habituará para a sua nova técnica de leitura.

Este é um dos melhores meios de treinar
seus olhos para acostumá-los ao ritmo de
grandes espaços visuais enquanto lê.

Exercício 2: Use o Cartão Regulador do Ritmo para a leitura de frases, inserido neste livro, para ler rapidamente as colunas abaixo. Ajuste o corte superior esquerdo do cartão, de forma que as frases apareçam exatamente à esquerda. Agora vá deslisando o cartão uniformemente para baixo, em cada uma das colunas, fazendo apenas uma fixação na primeira e na segunda e não mais do que duas fixações na terceira coluna. O propósito do exercício é não somente fazer você praticar a leitura de frases, como acelerar o tempo que você gasta em cada fixação. Este é um outro meio de dar velocidade à sua leitura.

Quanto maior	Lendo as frases	O leitor de olhar entende
o trecho	você aprende	melhor aquilo que lê do
da linha	muito mais	que o leitor motor ou
impressa	todo significado	auditivo porque sua
você	de um só golpe	mente se liga mais ao
treinar	e assim é mais	sentido cada vez que fixa
a utilizar,	fácil apreender o	os olhos e, assim, é
mais depressa	sentido do todo lido	capaz de traduzir as frases
fará a leitura	em menos tempo	segundo as idéias do autor.

Exercício 3: Para tornar-se um eficiente leitor de frases você precisa conscientizar-se das *unidades de significação* das sentenças. Um dos meios mais simples para isso é tomar um jornal e fazer um círculo nas unidades a lápis. Não espere que elas sejam apenas de duas ou três palavras. Algumas conterão mais do que você é capaz de apanhar com uma única fixação. O que você está treinando agora visa a ampliar sua capacidade, forçando sua mente a antecipar as palavras ou parte das palavras que estão situadas adiante.

É aqui que um vão de reconhecimento alargado ajuda. Por exemplo: você está lendo e chega na frase que diz: "palavras difíceis de compreender". No momento em que você viu "Com" ou no máximo "compre" você já sabe que a palavra será "compreender", pelo sentido do que veio antes e, então, passa para a unidade seguinte. Fazendo um círculo nas frases com o lápis, você se adestra em antecipar os finais das frases e, assim, aumentar sua velocidade de leitura.

Se fazer círculos nas frases for complicado, você poderá obter os mesmos resultados marcando/unidades de significação/desta forma./O importante/ é praticar/esse tipo de tratamento/até que fique sendo/uma segunda natureza./

Depois de fazer círculos nas unidades de significação ou de marcá-las com linhas diagonais, volte e leia os parágrafos várias vezes. Exercite-se em ler tão rapidamente quanto possa, tomando consciência do saltar de uma frase para outra. Pratique este exercício 15 minutos cada dia.

Antes de tudo, trata-se de um processo consciente e seu objetivo é fazer com que você se antecipe enquanto seus olhos se fixam numa frase. A facilidade para você fazer isso depende do material escolhido para leitura. Se o assunto não for familiar e as palavras forem difíceis, seus "pedaços" serão menores do que se você estivesse lendo, digamos, uma novela de mistério. Mas com a prática o vão de reconhecimento aumentará gradualmente para qualquer espécie de texto. Um índice de melhora da ordem de leitura vem de uma combinação do reconhecimento expandido e do alerta agudo, mais a capacidade de antecipar as partes de uma palavra ou mesmo palavras inteiras que estão a seguir.

Isso traz à baila uma resposta que eu conheço à seguinte pergunta:"Mas se eu aprender a ler duas vezes mais depressa do que leio atualmente, isso não significará que eu não conseguirei aprender o que li?" Você entenderá muito mais, pois você está treinando exatamente para isso. Você não pode se tornar um leitor *mais veloz* sem se tornar, ao mesmo tempo, um leitor *mais eficiente*. Leitura mais veloz e maior compreensão são objetivos gêmeos e prêmios duplos ao adquirir a habilidade na Leitura Dinâmica.

CAPÍTULO TRÊS

Terceiro Dia: Concentração

A EFICIÊNCIA DE CADA uma das partes que compõem a técnica da leitura dinâmica depende da habilidade de você mergulhar completamente no processo de leitura. O segredo é a **concentração.** Você não pode ler com toda a velocidade e ao mesmo tempo apreender todo o sentido, a não ser que se **concentre.**

Faça você mesmo estas três perguntas:

1. *"Será que atualmente eu me concentro quando leio?"*

2. *"Será que fico tão absorto que o barulho exterior não me perturba?"*

3. *"Será que posso controlar minha mente com tal disciplina que ela pode fixar-se naquilo que leio e não se perturbar com a súbita lembrança de um telefonema que*

esqueci de dar, ou com uma conta que precisa ser paga?"

Se tais pensamentos se infiltrarem sua mente não está completamente empenhada quando você lê. Você não aprendeu a se concentrar.

Esta é uma disciplina que você tem que adquirir pelo treino de acompanhar uma notícia do momento. Se sua atenção for chamada por uma manchete de jornal e você o toma, leia a história com concentração. Do contrário é melhor você deixar de lê-la. A manchete o impressionou porque era grande e preta. Você se lembrará disso. Mas você se lembrará muito pouco da notícia, a menos que nos poucos minutos que são necessários para lê-la, toda sua atenção esteja envolvida.

Você pode fazer um teste sobre isso de maneira muito fácil. Muita gente tem o hábito de ler um jornal pela manhã, em casa ou a caminho do trabalho. Nos próximos dias, guarde com atenção o jornal e traga-o de volta para casa. Releia as notícias que você leu pela manhã. Pergunte-se honestamente se você se lembra dos pormenores. Se alguém ventilou uma das notícias durante o dia, sua lembrança foi tão clara que você pôde falar sobre a situação de forma inteligente?

São questões importantes e eu espero que você possa responder "sim". Mas como homem que já fez testes de retenção com alguns milhares de estudantes da Leitura Dinâmica, devo dizer que, a não ser que você se exercite para se concentrar, não se recordará tanto quanto julgou que faria se lhe fizessem perguntas capitais. A maioria das pessoas, homens e mulheres, lêem sem objetivo. Suas mentes estão apenas parcialmente absortas. A menos que você envolva sua mente completamente, jamais se tornará um leitor rápido e eficiente.

A concentração é uma espécie de habilidade a ser aprendida, como o são todas as técnicas da Leitura Dinâmica. Em casa ou no escritório — você fará a maior parte de sua leitura nesses dois lugares — você pode facilitar o processo criando o ambiente certo. Certifique-se de que a luz é boa — luz do sol ou de uma lâmpada de 100 watts, mas evite o brilho acendendo ao menos uma outra lâmpada na sala. Sente-se numa poltrona que seja confortável mas não relaxante demais. A velha fórmula "vou-me embalar com um bom livro" é um mau conselho. Com um pouco de experiência, você descobrirá que fica muito mais confortável sentando-se aprumado — e não há dúvida que mais alerta. A posição de leitura mais satisfatória é a recomendada pelos ortopedistas: uma poltrona firme, reta, com a parte de baixo de suas costas firmemente encostadas na poltrona ou na cadeira. Incline-se levemente para a frente, mas mantendo-se ereto. Você pode permanecer sentado assim durante muito tempo, sem se sentir fatigado.

Será útil, é claro, esteja em sua casa ou no seu escritório, evitar barulhos que possam distraí-lo, fechando a porta. Isso ajudará você a relaxar-se das tensões e a fixar sua mente naquilo que tiver para ler. Se você estiver em casa, a porta fechada, poderá calar a música insistente e as vozes da televisão ou do rádio que saem de outra parte da casa. Segure o livro, a revista ou o jornal nas suas mãos, se quiser. Eu acho que a posição mais confortável é colocá-los numa mesa. De qualquer forma, o importante é certificar-se de que o livro, a revista ou o jornal estejam colocados num ângulo correto e numa distância apropriada dos seus olhos, de forma que você possa ver os impressos sem esforço.

Depois do barulho exterior, o maior inimigo da concentração são as preocupações ou os problemas emocionais. Não há um remédio geral para isso, mas posso sugerir uma terapia que às vezes funciona. Se você tiver alguma coisa em sua mente, tome uma atitude positiva antes de começar a ler. Há um telefonema importante a dar às 10 horas e agora são apenas oito? Então escreva um lembrete: "Telefonar para... às 10." Se você nada puder fazer até o dia seguinte, ao menos pode aliviar a tensão tentando planejar uma ação definida e prometendo a você mesmo que no dia seguinte resolverá o problema. Isso poderá parecer algo assim como um subterfúgio, mas às vezes poderá acalmar as ansiedades de tal forma que você possa concentrar-se.

Ler Com Um Propósito

Livre das distrações, você está pronto para praticar a técnica da concentração. E trata-se *realmente* de uma técnica. Você agora pode pensar que ela vem naturalmente, mas terá que compreender claramente o processo pelo qual sua mente se torna absorvida. *Ler com um propósito* é o mais importante. Vejamos como isso funciona, com alguns exemplos.

a) *Você pega seu jornal.* Desenvolve-se uma crise em algum lugar do mundo. Seu propósito são as informações. Você está ansioso por detalhes. Absorve-se para saber o que pode significar essa crise.

b) *Houve um grande jogo de futebol ontem.* Você sabe como ele se desenrolou, mas quer saber o que pensam os especialistas. Você não procura informações como se fosse um quarto-zagueiro em busca de uma estimativa do jogo. Mas concentra-se na análise do especialista porque quer conversar com os amigos sobre o assunto mais tarde.

c) *Você tem um livro: uma biografia.* É um grande "best-seller" e você acha que vai gostar de lê-lo. Você o lerá unicamente para distrair-se e para se enriquecer. Naturalmente obterá informações e as interpretações sobre os acontecimentos e o personagem. Mas a promessa do livro é a de que você mergulhará no mais completo prazer de uma experiência de leitura. Esse é o seu objetivo para a noite e você deixa que ele o envolva completamente.

E como é que você se envolve nessas várias experiências de leitura? Você não se deixa transformar num leitor passivo. Adota uma atitude questionadora. Será que o correspondente está relatando objetivamente a situação da crise que ele focaliza no jornal? Será que o comentarista de futebol é faccioso ou está realmente fazendo uma boa estimativa sobre o jogo? Será que o biógrafo tenta persuadi-lo sobre um ponto de vista particular que ele tem a respeito do biografado? Você lê com esse tipo de questões na sua mente.

Isso se torna uma espécie de jogo que aumenta muito seu prazer na leitura. Você já conhece o propósito com o qual lê o artigo ou o livro. Mas, qual é o propósito do autor? Será que ele é honesto naquilo que lhe disse? Será que ele está confundindo você com o intuito de estabelecer um determinado ponto de vista? Terá sido armado um argumento que você poderá demolir com o seu conhecimento dos fatos?

São questões que apertarão sua mente quando você se

"concentrar". Elas não ocorrerão se você não se envolver completamente e você perderá metade do prazer que a leitura pode oferecer. Quando a concentração é completa ela exclui tudo o mais. Você começará a antecipar o que o autor vai dizer a seguir. Você quase sentirá que ele está na sala, consigo, e que você está empenhado numa discussão pessoal. Quando você conseguir tal atitude é porque sua mente está completamente empenhada.

A concentração é uma habilidade que você pode praticar todos os dias: em casa ou quando estiver lendo em seu escritório. No começo não será nada fácil e não há exercícios que possam ajudá-lo. Dominar a técnica é pura força de vontade no trabalho, pois você tem de se disciplinar. O que é preciso é que você desligue sua mente, em primeiro lugar das distrações do mundo exterior, e, em segundo, das ansiedades interiores de suas emoções, de tal forma que ela se concentre numa terceira realidade: aquilo que está impresso na página à sua frente.

Você saberá que está sendo bem sucedido quando puder estudar um relatório comercial, sem se perturbar com o barulho de saltos-altos para cima e para baixo no corredor de seu escritório. Quando um livro o absorver completamente em sua casa, apesar das vozes das crianças lá fora entrando pela janela aberta e de uma vitrola tocando do outro lado da rua, é porque você adquiriu o hábito de se concentrar. E você deu um passo gigantesco para ler melhor e com mais velocidade.

CAPÍTULO QUATRO

Quarto Dia: Exercícios de Velocidade

CHEGOU O MOMENTO de você entrar em contato com os exercícios que farão dar velocidade à sua leitura. Você já aprendeu sobre leitura de frases e como ela aumenta automaticamente sua velocidade. Eu afirmei que você não conseguirá atingir velocidade e compreensão, a menos que se concentre completamente enquanto lê.

Quão veloz você seria capaz de ler? Que tal essas pessoas que dizem conseguir ler 5.000 e 10.000 palavras por minuto? Tudo o que posso dizer é que não conheço nenhum desses gênios, embora possam existir. Eu não conheço ninguém, pessoalmente, que tenha quebrado a marca de 4 minutos na milha, embora alguns importantes corredores já o tenham feito.

A não ser que você tenha uma excepcional habilidade. No início direi que seu acervo deve ser de 600 a 800 palavras por minuto. Se você puder ler consistentemente 800 palavras por minuto, num texto narrativo médio, isto significa 48.000 palavras por hora, o que significa que você pode ler um livro de 100.000 palavras — tamanho de uma novela de bom comprimento ou de uma biografia — em uma noite.

Agora concentremo-nos nos exercícios que farão crescer a sua velocidade. Isto tem a ver principalmente com a aprendizagem da técnica de leitura de frases, que já expliquei, aumentando constantemente sua velocidade para além da média que você normalmente faz.

Leitura Colunar

Tenho dito freqüentemente que o seu jornal é um dos melhores instrumentos para a prática da Leitura Dinâmica. O que quero dizer é o seguinte: devido às suas colunas estreitas você pode acompanhar as linhas de um jornal com mais facilidade e com menos fixações por linha. Para você se exercitar, trace uma linha de cima abaixo, no meio da coluna de um jornal qualquer. Focalize seus olhos na linha e tente estirar seu vão de reconhecimento tanto quanto possível de ambos os lados da reta para que você possa apanhar as palavras, à medida que seus olhos deslizam rapidamente para baixo, acompanhando o centro da coluna. No começo você não conseguirá ser bem-sucedido. Mas pratique o exercício. À medida que for praticando, descobrirá que você antecipa as palavras e os significados, conforme expliquei no Capítulo Segundo. Focalizando os olhos na linha do centro e acompanhando-a para baixo, você será capaz de apreender cada vez mais, chegando quase a conseguir ler tudo na coluna.

Para praticar, tente a técnica com colunas de frases. O

treinamento com as colunas abaixo é exatamente o mesmo que já fizemos no Capítulo Segundo, exceto pelo fato de que estas frases não têm ligação umas com as outras. Use a parte cortada do seu Cartão Medidor.

fora da cidade
voando alto
prego de carpete
muitas razões
melhores resultados
bom tempo
valor mercantil
fumante viciado
o gato branco
semana inglesa
momento psicológico
representante local
produção de óleo cru
por todos os motivos
acidentes ocorrem

planos econômicos
candidato da oposição
a uma taxa anual
inflação galopante
medidas governamentais
por uma ou outra razão
despachos do correspondente
fábricas de tecido plástico
nova marca de cigarro
República da África do Sul
meus maiores agradecimentos
exame médico periódico
o veredicto foi "culpado"
representação política
a lista de nossos preços

Regule Sua Prática de Leitura

Pretendo agora fazer com que você comece a aumentar sua velocidade de leitura. Tome o Cartão Regulador que acompanha este livro (qualquer cartão servirá aqui) e, utilizando seu jornal, coloque o cartão de forma que ele fique por cima de uma coluna qualquer. Agora, como você fez na leitura colunar, focalize seus olhos no meio da coluna. Dirija o cartão para baixo, num movimento uniforme — mais rapidamente do que sua normal velocidade de leitura — e tente apanhar todos os fatos da história. Não volte para trás neste exercício nem deixe seus olhos voltarem. Se você achar que lhe escapou algum ponto, não se preocupe. Continue. Leve o cartão até o final da coluna e agora faça um teste, fazendo a você mesmo algumas perguntas. Tente expor os fatos principais, as idéias centrais. Em seguida, empregue o tempo que quiser, voltando atrás na coluna para saber o quanto você perdeu.

Essa espécie de exercício irá ocupá-lo durante algum tempo, desde que você queira ser um leitor veloz. Você deverá ler jornais, revistas, livros, usando o cartão ou um pedaço de papel, para regular-se. Você tem que dirigi-lo para baixo, uniformemente, sobre as linhas impressas, apanhar o significado da linha que o cartão descobre e,em seguida, dirigir seus olhos para a linha de baixo. O movimento do cartão terá que ter ritmo uniforme. E logo você verá que, com a prática, esse ritmo aumenta de velocidade. É uma descoberta que chega a ser excitante. Marque o seu tempo todos os dias, lendo materiais diferentes — usando a fórmula matemática que apresentamos na Introdução ou o cartão para poder calcular sua velocidade de leitura por minuto — e verifique quanto aumentou sua velocidade.

Leitura Relâmpago

Uma das técnicas da Leitura Dinâmica é aumentar a velocidade do seu reconhecimento de *imagens das palavras* e de *números*. Nas salas de aula os estudantes recebem exercícios extensos do que se chamam "frases relâmpago". Trata-se de um recurso individual, o qual expõe frases ou dígitos em determinado espaço de tempo que, em seguida, desaparecem como se fossem sinais em relâmpagos. O propósito dessa espécie de treinamento é acelerar a percepção, de tal forma que os olhos fixem instantaneamente algumas palavras ou números a um só tempo. Com as frases, a sua mente recebe imagens das palavras tão rapidamente que as idéias se formam uma após outra e não há espaço para os pensamentos poderem vaguear.

Você pode conseguir esse treino usando o Cartão Medidor. Peça a alguém que faça duas ou três listas colunares. Comece com palavras curtas e chegue até a frases com cerca de 14 letras de comprimento. A operação consiste simplesmente em colocar o cartão sobre a primeira frase, dirigi-lo para baixo e voltar tão rapidamente quanto você puder. Na breve exposição você lê a frase. Depois, traga o cartão para baixo, até a frase seguinte, e repita o processo.

Exercício com dígitos é exatamente igual ao nível do exercício mecânico. O exercício com dígitos é útil para apurar o reconhecimento de detalhes porque um número não tem relação com outro. Comece trabalhando com três números-dígitos, passe para quatro e assim por diante, até atingir oito. As colunas de números no catálogo de telefone fornecem uma prática excelente.

234	4961	87142	3498781	9-2226
521	7387	1365	8143223	3-3814
517	3718	27721	563819	4-6259
452	6942	30975	7201287	7-6537
908	1963	717844	94784323	5-0275
704	24712	426791	46417419	2-3677
127	5882	176791	20254917	1-0041
839	41632	940918	64784934	3-9818

Seja tão renitente quanto puder, quando correr o

cartão. Mova-o para cima e para baixo com a menor exposição possível. Você é a única pessoa que vai saber de seu resultado, de modo que não adianta trapacear. Este é um excelente treinamento para uma leitura mais veloz.

Seu objetivo, aqui, é reduzir o tempo que levam seus olhos para fotografarem uma imagem e transmiti-la para sua mente. Mais adiante falarei sobre a importância do vocabulário na contagem da leitura rápida. Desde já desejo dizer que as palavras — como os rostos — são imagens. Sua conformação tende a tornar fácil o reconhecimento. Quanto maior o vocabulário, mais depressa você reconhece as palavras. Quando mais palavras você conhece, mais rapidamente você consegue ler. Particularmente na leitura relâmpago, um reduzido vocabulário é uma séria desvantagem para a leitura veloz.

Leitura de espaços

Na leitura rápida um bom recurso é focalizar os olhos bem em cima das palavras em lugar da própria linha. Isso dá uma espécie de perspectiva que tende a salientar as palavras nas frases. Você absorve, fotografa mais rapidamente. É o mesmo princípio que se ensina aos marinheiros quando procuram outro navio ou horizonte à noite. Focalize exatamente para o lado onde você pensa que deve estar o objeto. Então você o vê rapidamente.

Regulagem da Leitura Regular

Depois de você ter operado com o jornal durante algum tempo e de ter praticado os outros exercícios, sugiro que você gaste uma noite lendo uma agrádavel novela. Deve ser algo não muito complicado. Use o Cartão Regulador. Coloque-o de forma que ele cubra a linha de cima de cada página. Dirija-o para baixo em ritmo invariável sobre as linhas, em velocidade um pouco maior que sua capacidade de leitura. Tente sentir o ritmo. Em seguida, ponha de lado o cartão e continue lendo no mesmo ritmo. Não deixe, sob qualquer circunstância, que seus olhos voltem para trás. Se você perder algo, esqueça. Apenas leia e vá lendo, tão depressa quanto puder.

Se você trabalhou bem com as técnicas que eu indiquei, você terminará a novela numa noite. Você poderia ter gasto uma semana numa novela antes, mas quando for para a cama hoje, terá virado a última página. Esta é a primeira vitória que lhe posso oferecer, graças ao seu curso de Leitura Dinâmica. Você leu um livro inteiro numa só noite!

Agora pegue uma pilha de brochuras. Você precisará delas, porque uma das exigências da Leitura Dinâmica é que você se mantenha alerta através de uma prática constante. Toda vez que você tiver um tempo livre, à noite, em casa, pegue uma nova brochura. Use o cartão para se regular nas primeiras 20 páginas. Em seguida, liberte-se dele e continue lendo com velocidade. Concentre-se! Leia em frases! Use toda sua habilidade! Agora você sabe que a leitura mais velòz não é apenas uma teoria. Funciona para **você**!

CAPÍTULO CINCO

Quinto Dia: Pular e Deslizar

ESTES DOIS POUPADORES de tempo, pular e deslizar, nascem diretamente da pré-leitura e será melhor começar por defini-los. *Pular* significa simplesmente que, na base da pré-leitura, você salta bons pedaços de texto. Quando você desliza (ou, como se diz, corre os olhos), você passa os olhos por uma página impressa sem realmente ler, mas buscando frases significativas ou fatos importantes que possam prendê-lo. Você já viu, na pré-leitura, que pulou um bom pedaço, mas apreendeu o assunto essencial. Como leitor eficiente que é, você freqüentemente pulará trechos, para economizar tempo e também porque estes trechos não contêm nada de novo. Você freqüentemente correrá os olhos à procura de fatos e de idéias.

É claro que leitores destreinados também pulam e deslizam. Mas o problema deles é que o fazem ao acaso, uma vez que não estão plenamente cientes quanto ao propósito de sua leitura. Suas mentes não ficam empenhadas, de modo que, mesmo as partes pelas quais eles correm os olhos, deixam de produzir informações.

O leitor devidamente treinado, por outro lado, sabe exatamente por que está lendo, todo o tempo. Ele se concentra em tudo o que olha e está, portanto, com a mente alerta para reconhecer aquilo que tem valor para ele. Admite pular e correr os olhos como instrumentos úteis que são e faz com que eles cumpram a missão de economizar tempo, ajudando-o a encontrar, rapidamente, alguns fatos que procura.

Ao discutir os problemas de pular e deslizar, estou considerando essas habilidades aplicadas quase que somente aos textos da leitura informativa. Você as empregará também na leitura de lazer, com tempo, quando as passagens descritivas ou expositivas parecerem longas demais, quando as ações mais lentas deixarem de prender sua atenção. Mas a questão, neste caso, restringe-se mais a uma reação pessoal e a uma preferência de leitura que não se aplica aqui generalização alguma. Arrisco prever, entretanto, que à medida que sua velocidade de leitura aumentar, você pulará cada vez menos quando seu objetivo for exclusivamente o prazer. Sua leitura será tão sem esforço que pular não parecerá ter qualquer valor. Como você se concentra e como sua mente se vê envolvida, as partes que antes pareciam aborrecê-lo agora parecem preencher seu interesse. Você as lerá avidamente, obtendo prazer com o estilo do autor.

Mas na leitura de informação, pular e deslizar são coisas necessárias para que você possa tomar conhecimento da massa de material que a toda hora lhe cai nas mãos. Vejamos agora exatamente como essas duas habilidades podem ajudar o leitor eficiente.

Pular

Pouca gente sabe como pular com confiança, porque a maioria das pessoas não pré-lêem. Entretanto, a pré-leitura é o guia, uma vez que é o caminho certo para você se inteirar do conteúdo de um artigo ou de um livro e, portanto, de saber o quanto eles possam interessá-lo. Quando você fez a pré-leitura, já deu consideráveis pulos. Mas, agora você sabe o que um livro ou um artigo pode oferecer. Já tem uma boa idéia das partes que você deverá ler inteiramente bem como das que você pode pular sem correr o risco de perder algo.

Pular é uma simples seleção. Quando você está lendo um artigo de um certo tipo de informação e o autor passa a falar sobre uma parte do assunto que não o interessa, pule até que ele retome o assunto. A menos que as tabelas de números e de estatísticas lhe interessem, pule confiantemente. Você saberá como encontrá-las para referência, mais tarde. O autor precisou delas para provar sua afirmação. Mas você não precisará estudá-las detalhadamente se quiser aceitar a palavra do autor, de que a documentação é correta. Pule as explicações técnicas detalhadas, a menos que elas se apliquem ao seu campo de especialização. Atente para as passagens em que o autor se repete para dar maior ênfase ao ponto que já focalizou. Ele está dizendo a mesma coisa "de maneira diferente", e as chances são de que você pouco se preocupe com isso.

Em suma, a pré-leitura fornece um guia para as partes

que você pode pular. Mas, uma rápida pesquisa nem sempre pode revelar as passagens irrelevantes que podem ser puladas, embora você tenha planejado a leitura. Pular servir-lhe-á melhor quando, com toda a concentração que aprendeu a aplicar, você estiver apto para perceber parágrafos ou seções inteiras que não se efetivam, e não têm as informações que possam interessar-lhe dentro de seu propósito ou que você ainda não conheça.

Deslizar

Deslizar é simplesmente o processo de passar rapidamente os seus olhos por um artigo. Mas aqui também, a menos que tenha um propósito, você obterá poucas vantagens. Há apenas duas razões para deslizar: 1. Para encontrar uma informação específica que você sabe estar no artigo. 2. Para afastar a possibilidade de você falsear em frases significativas ou para extrair fatos que você pode usar. Estes têm um meio de pular sobre você, quando de um deslizamento intencional. Mas você tem que saber o que está procurando.

Passar os olhos à procura de um fato

Você está procurando um dado qualquer: digamos que seja a data das eleições presidenciais norte-americanas de 1960. Você está quase certo de que a informação está em algum lugar no artigo que tem diante de si. E você não quer ler o artigo. Você quer apenas a data em questão.

Eis como se procede para encontrá-la rapidamente. Deixe seus olhos percorrerem a página, sem que você realmente leia, parando duas vezes em cada linha da composição. Um bom meio de praticar isso é colocar um lápis em posição vertical bem no centro da coluna. Deixe primeiro seus olhos fazerem duas paradas em cada linha: uma à esquerda e outra à direita do lápis.

Prática de Deslizar

Quando você passa os olhos em busca de informações específicas, seja para um fato, seja para responder a uma pergunta, não deixe que sua atenção se distraia. Tenha na cabeça exatamente aquilo que você procura. À medida que você melhora sua habilidade, acabará descobrindo que a data, o nome ou a frase salta da página. E por falar nisso, eis a data que você está procurando: 8 de novembro de 1960.

Não olhe diretamente para os impressos. Olhe bem acima deles, no espaço em branco entre as linhas. Depois de ter seguido esse esquema de deslizar os olhos por algumas linhas, comece a deixar que seus olhos façam apenas uma parada em cada linha. Comece pela linha 7, parando o olhar à esquerda do lápis e, na linha 8, pare à direita. Faça essas paradas em ziguezague nas linhas sucessivas, até encontrar a data que procura.

Quando você desliza os olhos em busca de um determinado fato, não permita que sua mente divague. Pense exclusivamente naquilo que você está procurando. À medida que você melhora sua habilidade com a prática, você descobrirá que a data, o nome ou a frase parecem saltar da página. E aqui está, por sinal, a data que você procura: 8 de novembro de 1960.

À procura de fatos casuais e frases

Esta segunda técnica de deslizamento é útil quando você tem dúvida se determinado artigo contém algo que possa servir a seu propósito, mas precisa certificar-se no menor tempo possível. Você pode passar os olhos durante a pré-leitura, se quiser. Quando começar a ler as primeiras sentenças dos parágrafos na pré-leitura (veja o Capítulo Primeiro), tente deslizar os olhos pelo resto dos parágrafos rapidamente, procurando nomes, datas e frases significativas que você pode querer se lembrar. Focalize o olhar bem em cima das linhas impressas e deixe seus olhos ziguezaguearem para trás e para frente. O que você precisa encontrar saltará da página ao seu encontro.

Aliás, saltará só se você souber o que está procurando. Isso é muito importante quando você passa os olhos. Assim como você tem de ler com um propósito determinado, assim também tem de deslizar os olhos com um propósito. Caso contrário, se seus olhos vaguearem pela página, sua mente também começará a vaguear. Você manterá sua mente fixamente presa à sua tarefa se você se concentrar e seguir os esquemas da pré-leitura, lendo a primeira sentença de cada parágrafo e passando os olhos, ao mesmo tempo, em busca de fatos e frases.

Os pesquisadores, aos quais me referi no Capítulo Primeiro, acharão que passar os olhos (deslizar) é uma habilidade inestimável a se cultivar. Trata-se de um poupador de tempo miraculoso quando você procura alguma coisa numa pilha de livros e de artigos ligados ao seu objetivo, mas não diretamente concernente ao aspecto que você pretende abordar no texto que quer escrever. Passando os olhos juntamente com a pré-leitura, o pesquisador pode, em geral, decidir-se se um determinado item vale a pena ser buscado. E passar os olhos é um recurso maravilhoso quando se procura uma data ou um fato que estão em algum lugar de determinado capítulo do livro.

Como Testar-se

Quando você começa a prática da leitura pulada e deslizada com um propósito, deve testar-se com freqüência. Aqui estão os passos a seguir:

1. Pré-leia um artigo, pulando partes e passando os olhos pelo resto.

2. Escreva um resumo de um parágrafo sobre o tema do autor e suas idéias principais.

3. Volte atrás e leia o artigo por inteiro. Escreva um segundo resumo, sem olhar para o primeiro.

Quando comparar os dois, você acha que colocou fatos vitais na segunda vez, que fazem o primeiro resumo parecer incorreto ou inadequado? Se isso acontecer é porque você ainda não está suficientemente preparado para captar as idéias mais importantes ao passar os olhos, ou então porque não é suficientemente seletivo quando lê pulando. Isto significa que você precisa uma prática mais concentrada nestas duas habilidades até estar confiante que as dominou.

CAPÍTULO SEIS

Sexto Dia: Vocabulário — I

PARA LER RAPIDAMENTE você, tem de reconhecer instantaneamente milhares de palavras. Você provavelmente já descobriu, fazendo seus exercícios, que falhar no reconhecimento de uma palavra é como dar uma forte brecada em sua velocidade. O único meio de superar este problema é aumentar constantemente o seu reservatório de palavras.

Num pequeno livro como este é impossível oferecer exercícios específicos destinados a aumentar seu estoque de palavras. Você encontrará excelentes manuais de vocabulário, em brochuras. Compre um e estude-o, ao mesmo tempo em que se exercita na leitura rápida.

Sugiro, também, que você tenha uma caderneta, na qual escreva as palavras que não lhe são familiares. Mas, enquanto você lê, não pare com o fim de procurar palavras. Só quando terminar é que deve apelar para o dicionário. Você memorizará melhor copiando o significado e colocando a palavra imediatamente numa frase. Uma boa idéia é rever novas palavras regularmente até ter certeza de que as domina.

Consideremos agora esta questão de vocabulário, para que você tenha a boa idéia de fazer uma pequena pesquisa própria sobre sua atual familiaridade com as palavras. Como você aprendeu na Introdução, cada pessoa tem três tipos de vocabulário:

1. ***Ativo.*** Essas são as palavras que você habitualmente usa em conversas. Seu vocabulário ativo provavelmente atinge de 5.000 a 10.000 palavras.

2. ***De Reserva.*** Essas são as palavras que você conhece mas que raro ou quase nunca emprega em conversa comum. Você as emprega para escrever cartas, quando tem tempo para considerá-las ou quando procura um sinônimo. Você conhece bem estas palavras, de modo que não terá hesitação nenhuma quando as encontrar na leitura rápida.

3. ***Passivo.*** Essas são as palavras excêntricas e remanescentes que você reconhece vagamente, mas não tem certeza de seu significado. Você nunca as emprega, na oratória ou na escrita. Sabe apenas que as viu antes e elas o farão parar de repente, na leitura rápida.

Para aumentar em volume seu vocabulário você deverá acumular palavras até que elas façam parte de seu vocabulário ativo, pronto para usá-las quando aparecer uma ocasião. Se você se dedicar a isso, será agradavelmente surpreendido com as palavras que começará a usar. Mesmo as palavras completamente não familiares poderão encontrar seu lugar em sua conversação. Como exemplo, lembro quando há pouco, dado a mania por dinossauros, apareceram dezenas de palavras difíceis no vocabulário de jovens fascinados pelos enormes répteis pré-históricos. Você talvez nunca conheceu os nomes latinos — e eles não são comum de animais como tiranosaurus rex, triceratops, etc. Mas se seus filhos começarem a produzir dinossauros nos brinquedos de armar, terá que aprender as palavras, para empregá-las nas conversações.

A súbita abertura da idade espacial fez sair dos laboratórios científicos uma boa quantidade de palavras difíceis, que passaram á conversação diária. Outro exemplo é o aparecimento dos plásticos como lugar comum no vestuário e aparato de cozinha que também contribuíram com muitas palavras novas na linguagem comum.

Se você adquirir o hábito de usar o dicionário e de anotar na caderneta, isso dará mais cor e mais exatidão á sua conversa diária. Quando você conhecer o significado preciso de todas as palavras do seu vocabulário passivo, então verá que fala com mais segurança e sem aquela dolorosa, inepta e enrolada estrutura fraseal, própria de um vocabulário pobre e de pessoas que não conhecem as palavras que poderiam exprimir com exatidão suas idéias. Não seja tímido com as palavras.

Como o Jornal Ajuda

O seu jornal é um meio acabado de se construir vocabulário e num próximo capítulo eu explicarei em detalhes como você poderá utilizá-lo com o máximo de proveito. Desde que você seja leitor diário de jornal, faça-o favorecê-lo, a partir de agora, acrescentando novas palavras a seu vocabulário. Os jornais são elaborados para a leitura rápida, mas isso não significa que todas as palavras sejam simples e familiares. Em seu trabalho diário, o jornal cobre muitos assuntos e acontecimentos. Descreve-os com palavras mais adequadas e faz um relato breve e claro da história.

De um único exemplar de jornal extraí uma lista de 30 palavras. Elas não são palavras difíceis. Você deve tentar reconhecê-las e defini-las com confiança. Se não conseguir, passe adiante. Todas elas são fiéis representações de idéias que, na maioria dos casos, exigirão várias palavras diferentes para exprimi-las.

agenda	desilusão	incongruente	protocolo
avaro	desapossar	indiciado	rescindir
coalizão	embargo	leniente	flagelo
ciente	evasão	megaton	sísmico
contemporâneo	expungir	moratória	venerável
década	faceta	motivar	zeloso
derrogatório	fantasia	opulência	
sombrio	ideológico	postumamente	

Se você anotar algumas palavras não familiares todos os dias, extraindo-as do jornal, seu vocabulário começará a crescer e frutificar.

Prefixos e Sufixos

Uma boa ajuda para enriquecer o vocabulário é conhecer os prefixos e sufixos com os quais muitas palavras são formadas. Dominar seu significado ajudará também a acelerar a velocidade da leitura. Isso abre a porta para o que eu chamo de *antecipação inteligente*, um instrumento que todos os leitores velozes aprendem a usar. O domínio dos prefixos familiares levará você rapidamente à palavra: o conhecimento dos sufixos fará você apreendê-la rapidamente, uma vez que você antecipa o que *deva* ser o resto da palavra, pela forma de seu final.

Os prefixos e sufixos se originam, em geral, do latim e do grego, e aparecem em português com seu significado original. Este fato dá uma pista imediata para você conhecer o significado da palavra. Eles podem sugerir uma forma de ação.

Tomemos duas palavras, para vermos como isso funciona:

O prefixo *anfi* é grego e um de seus significados é "duas maneiras" ou "ambas". *Bios* é também uma palavra grega e significa "vida". Coloque-as juntas e terá "anfíbio", o que quer dizer um animal que tem duas espécies de vida: na água e na terra. Também pode significar um avião que decola e pousa tanto na água como na terra.

Vejamos o sufixo *avel.* Já está tão incorporado à nossa língua que nem parece necessário lembrar sua origem latina: *abilis.* Seu significado é óbvio quando, por exemplo, você antepõe a ele a palavra "amor". "Amorável" quer dizer simplesmente digno de ser amado. "Avel" tem o significado de *capaz de, apto a, digno de, tem qualidade de*, etc.

Damos aqui alguns prefixos comuns e sufixos mais usados, para você começar:

Prefixos: ambi, ad, an, anti, apo, bi, com, di, hemi, hiper, hipo, in, meta, mono, para, peri, poli, pre, pro, sin, trans.

Sufixos: avel, ade, agem, ario, em, esco, gamia, ia, idade, mente, oso.

Copie-os e aprenda seu significado. Você os encontrará, assim como outros, em qualquer bom dicionário. Os prefixos e sufixos aparecem em ordem alfabética, bem como em palavras completas.

As crianças aprendem a ver as quatro operações — adição, subtração, multiplicação, divisão — como "fatos aritméticos". Muitas das complicações que apresentam os problemas são superadas quando elas dominam estes "fatos". Os prefixos e sufixos são "fatos de leitura". Sabendo seu significado você leva uma grande vantagem na rápida percepção (e você notará logo quando a palavra leva um sufixo e um prefixo).

Um vocabulário maior, mais estes fatos de leitura, darão velocidade a seu *nível de percepção.* Este é simplesmente o tempo requerido para que sua mente reconheça as palavras através da imagem que seus olhos recebem delas. Aumentando a velocidade de seu nível de percepção você aumenta também a velocidade de leitura, uma vez que corta o tempo requerido para absorver uma palavra. É por isso que um amplo vocabulário é tão necessário para o leitor que quer ser rápido.

Não pare senão para acrescentar palavras que você jamais viu antes. Esclareça bem as dúvidas que tem a respeito de palavras que você mais ou menos conhece. E empregue-as, pronuncie-as nas conversas. Não seja tímido. Fale! Esta crescente articulação o tornará mais *seguro* ao ler quanto do sentido exato do que o autor pretende dizer. À medida que seu conhecimento da palavra cresce em confiança, sua compreensão irá aumentando com ela.

CAPÍTULO SETE

Sétimo Dia: Cadenciar

UM ERRO COMUM QUANTO à leitura rápida é pensar que, quando uma pessoa aprende a ler em alta velocidade, ela correrá em tudo, nessa mesma cadência. Não acredite nisso. Ninguém espera que você leia um artigo científico cheio de palavras técnicas, pouco familiares ou um livro de poemas, com a mesma velocidade que você devidamente galopa na leitura de uma novela policial.

É apenas senso comum. Volte à analogia do automóvel, que eu mencionei na Introdução. Suponho que um homem *poderá* guiar seu carro a uma velocidade de 120 quilômetros horários numa estrada de montanhas em curvas mas ele estaria inconfortável e não veria muito da paisagem. Assim ele diminuirá a marcha a uma cadência sensível que lhe permita gozar do prazer de guiar e dar-lhe a oportunidade de apreciar os vales de ambos os lados da estrada da montanha.

Da mesma forma, uma vez que aprendeu a ler rapidamente, você *poderá* correr por qualquer coisa. Mas se a matéria é nova, as palavras e as idéias não familiares, você não conseguirá fazer isso com a compreensão que faz a alta velocidade valorosa. E se o texto escolhido for muito bem escrito, você não terá tempo de apreciar sua beleza. Atualmente você está lendo tudo num compasso mais rápido do que quando você começou a praticar a Leitura Dinâmica. Você nunca mais voltará à cadência lerda de antes, isto é, de quando não tinha descoberto ainda os prazeres deste método. Mas você não lerá tudo com sua velocidade máxima. Você agora será um leitor capaz de ajustar sua velocidade à espécie de texto que estiver lendo no momento.

De um modo geral, tudo que você lê cai em quatro categorias e, tendo em vista os princípios da Leitura Dinâmica, essa divisão é baseada nos vários *propósitos* que o levaram a ler. Eis aqui as categorias:

1. *Só para obter informações.*
2. *Avaliar e criticar idéias.*
3. *Para se ilustrar.*
4. *Para relaxar e ter prazer.*

É óbvio que haverá uma certa quantidade de sobreposições de propósitos dentro dessas categorias. Mas o leitor que as tiver em mente e fixar o propósito de sua leitura verá que sua apreensão de novas matérias aumentou muito, bem como o prazer da leitura, já que conseguiu ajustar tanto o seu ponto de vista como sua velocidade, antecipadamente. Vejamos agora em que categoria caem as diversas espécies de texto.

1. Só para obter informações. Trata-se de uma categoria de alta velocidade. Relatórios, cartas comerciais, artigos técnicos de seu ramo, estão em primeiro lugar. Estão aí incluídos livros de referência, enciclopédias e, é claro, todos os livros que são usados por estudantes. Você quer uma informação mas não se preocupa particularmente com a qualidade do texto, desde que seja claro. Você lê com a velocidade que sua compreensão permite, pulando e passando os olhos quando estas técnicas se mostrarem eficientes. As notícias puras dadas em seu jornal caem nesta categoria também, embora você provavelmente diminua a velocidade em artigos especiais e editoriais que requerem uma visão mais crítica, o que os coloca na segunda categoria.

2. Avaliar e criticar idéias. Isto já pede uma velocidade menor. É uma categoria que abrange livros e outros escritos nos quais o autor apresenta um ponto de vista. O leitor atento não aceita simplesmente o que está escrito, mas emprega seus conhecimentos e sua inteligência para elaborar uma avaliação das proposições e conclusões do autor. Enquanto lê, faz perguntas, tentando antecipar as questões, à medida que se desenvolvem os argumentos. Este processo aumenta enormemente o prazer do leitor. Sua mente fica completamente envolvida, sua concentração se torna intensamente aplicada. Se antes a sua mente ficava envolvida apenas pela metade diante de textos dessa categoria, a aplicação dos princípios da Leitura Dinâmica fará aumentar muito a sua apreciação. Porque não se trata apenas de habilidade. Você verá que se abre diante de si toda uma nova dimensão de entendimento, porque você se aplica em avaliar as opiniões dos grandes pensadores de ontem e de hoje. Agora você lê com mais facilidade, mais rapidamente, de forma que sua mente é capaz de absorver idéias rapidamente e empenhá-las na avaliação de suas lógicas.

Se você já aprendeu alguma vez a tocar um instrumento musical, deve ter atingido aquele ponto em que o dedilhado — a simples técnica — pode ser esquecido. Pode tocar sem pensar na mecânica. Agora você já pode devotar-se a uma *interpretação* da música. Acontece o mesmo com a Leitura Dinâmica. Você atinge um ponto em que já não mais se preocupa com cada técnica de leitura. Você pode entregar-se ao que o autor está dizendo, discutir com ele, criticar suas conclusões.

Não estou certo de que você já tenha atingido este ponto, a não ser que goze de uma aptidão excepcional. Você ainda está condicionado a exercícios e a prática. Mas no mínimo já conhece o objetivo adiante. É o ponto em que você usa os princípios da Leitura Dinâmica com naturalidade.

3. ***Para se ilustrar***. Quando você lê com este propósito, espera não somente beleza de estilo como também inspirados pensamentos. As grandes novelas encontram aqui seu lugar, assim como as grandes peças teatrais e a poesia, biografias ricamente concebidas e escritas, tratados filosóficos e outras humanidades. Às vezes os textos serão de difícil leitura. Outras vezes a leitura fluirá com facilidade em sua mente. Há sempre uma passagem da categoria dois para esta categoria, só que aqui você não estará tão alerta para a crítica. Somente quando os pensamentos ou as interpretações do autor se chocarem com seus conhecimentos anteriores é que você se surpreenderá questionando e discutindo mentalmente com ele. Na maior parte das vezes esta espécie de leitura é uma experiência que só dá prazer à sua mente, além de estimular sua imaginação.

Você não quererá ler escritos memoráveis, com o máximo de seu ritmo. Mas, à medida que sua capacidade de leitura aumenta, você dominará este tipo de material muito mais rapidamente do que agora e sem sacrificar a auto-ilustração que ele promete. É aqui que vale o enriquecimento de seu vocabulário. Não há palavras difíceis numa biografia ou numa boa novela. O autor não as colocará deliberadamente para atrapalhar o leitor. Mas se lhe ocorrer uma, para dar exatidão à expressão de um pensamento ou de uma emoção, ele não hesitará em empregá-la. Com material assim, o conselho acerca do enriquecimento do vocabulário, dado no capítulo anterior, conta sumamente.

4. ***Para relaxar e ter prazer.*** Agora você está preparado para passar uma noite agradável com uma dessas brochuras que mencionei (pode ser um livro, também). Será uma novela, uma história policial, uma aventura real absorvente, uma peça humorística, ou uma biografia engraçada. É aqui que a leitura rápida melhor se mostra, pois você deverá correr a toda velocidade. São livros adequados para o propósito, mas não são grandes. Você não quererá interromper a leitura. Você ficará absorvido de maneira completa.

Como Fixar Seu Ritmo

Uma vez que você tem essas quatro categorias em mente e já pode estabelecer um propósito toda a vez que vai ler, é justo que quererá perguntar: "Mas que devo fazer para fixar minha velocidade com leituras de qualidades diferentes? Haverá alguma norma prática para isso?"

Não, não há norma, mas há realidades práticas que o orientarão. As perguntas se aplicam mais diretamente à segunda e terceira categorias: na leitura para avaliar e criticar idéias e na leitura para se ilustrar. Eu já esclareci que, quando você lê só para se informar —"prosa prática", como é chamado este material — ou quando lê puramente para relaxar e ter prazer, você corre a toda velocidade.

Consideremos agora o problema da velocidade na segunda categoria. A razão por que não se pode oferecer uma regra geral é que cada pessoa se empenha na leitura crítica com bases diversas de conhecimento. É a maior ou menor dose de conhecimentos que governa as dificuldades de uma determinada leitura:

Vejamos um exemplo. Você é um empresário com uma base intelectual média. Interessa-se em política exterior, mas não é um especialista. Irrompe uma nova crise em alguma parte do mundo. Você já leu alguma coisa sobre isso no seu jornal e agora cai em suas mãos um significativo artigo publicado numa revista mensal. Você decide ler o artigo e seu propósito será não apenas obter informações, como também avaliar e criticar as idéias do autor. Você faz uma pré-leitura, é claro, mas acha que deve diminuir a velocidade quando começa a ler o artigo por completo. Haverá nomes desconhecidos de governantes e de lugares dos quais você se recorda vagamente. Você provavelmente correrá através de estatísticas sobre a situação econômica do país, informações sobre os partidos políticos, etc. Para *você* não será fácil porque a maior parte da matéria publicada trata de coisas novas.

Vejamos agora uma outra pessoa, cuja bagagem intelectual não é melhor do que a sua, mas que passou um bom tempo no país em crise. Ela já leva uma vantagem em matéria de base de conhecimento e será capaz de ler o mesmo artigo com uma velocidade maior, pois sua compreensão já está aprimorada. Ela sabe sobre o que está lendo.

A medida de sua cadência em matéria dessa categoria depende de seu nível de compreensão. Você lê tão rapidamente como pode, desde que não deixe nada de importância de fora. Para testar seu progresso será bom marcar o seu tempo em artigos sérios fazendo uma tabela de medidas. O melhor meio de checar o grau de compreensão é passar os olhos no artigo imediatamente depois da leitura, para certificar-se de que você conseguiu reter os pontos principais.

Observação: Não se sinta desencorajado se sua velocidade cair de vez em quando, mesmo quando você estiver familiarizado com os assuntos. O estilo de um autor tem muito a ver com sua facilidade de compreensão. Alguns especialistas são incapazes de escrever com clareza e simplicidade. A estrutura de suas sentenças torna-se embaraçada e seu pensamento emaranhado numa teia de jargões e orações dependentes. Um escritor melhor pode ter exposto os mesmos fatos e opiniões de forma a permitir que você corra os olhos pelo artigo rapidamente. Mas acontece que pode não ter aquela autoridade própria do especialista.

Seu ritmo diminuirá sempre nesta segunda categoria, uma vez que você fará perguntas enquanto lê. À medida que aumentar sua velocidade geral e sua habilidade, você apressará seu passo também aqui. Assim, esforce-se ao máximo, sem sacrificar, entretanto, sua compreensão. A velocidade virá.

Como fazer a leitura destinada à auto-ilustração? Como regular seu ritmo, quando você quer apreciar a beleza do estilo e a natureza da frase? ''Quero ler este texto devagar'', insiste você. Mas, na realidade não o faz. A razão está naquilo que já mencionei no Capítulo Segundo. Quando você lê devagar, é difícil manter sua mente absorta, porque a riqueza completa da frase e da sentença não chega em velocidade suficiente. É o mesmo que ver imagens facetadas através de um vidro estanhado que ver uma única em sua luminosa exposição.

Para estar certo, você lerá a bela prosa mais vagarosamente do que leria uma novela de mistério. Mas, você ainda se esforçará para obter velocidade, em lugar de reduzi-la deliberadamente. Quando você for capaz de absorver uma boa biografia a um ritmo muito mais rápido do que pode agora, sua apreciação do estilo aumentará em lugar de diminuir. Você sentirá que está percebendo toda a imagem, em lugar de apenas alguns pedaços.

Não hesite em usar o Cartão de Ritmo com essa espécie de texto, dirigindo-o suavemente linhas abaixo em um ritmo consistente e um pouco mais veloz do que lhe é confortável. Isso ajudará a estabelecer sua cadência. E não se preocupe se estiver perdendo o belo. Você o encontrará exatamente onde ele deve estar: transferido das páginas para a sua mente e para sua memória.

Teste Para o Auto-Enriquecimento

Neste ponto de seu progresso, creio que você está interessado em tentar sua velocidade uma passagem a ser lida com o objetivo de se ilustrar, se enriquecer. Escolhi um dos clássicos menores, o começo do ensaio de Robert Louis Stevenson intitulado "Apaixonar-se", da série chamada "Virginibus Puerisque". Estes ensaios são freqüentemente usados nas escolas norte-americanas. Tente lê-los com sua habilidade e veja a que velocidade consegue, sem perder nenhuma das belas frases e nada de seu suave humor. Não volte atrás se perceber que perdeu algum significado. Leia-o sem interrupção. Mas de souber que deixou escapar uma boa parte, isto será o sinal para você diminuir a um ritmo que possa permitir a compreensão do texto.

Para testar sua compreensão, depois de terminar o trecho, escreva um resumo de cem palavras sobre o que Stevenson disse. Este é o melhor meio que conheço para se medir o quanto uma pessoa pode absorver do pensamento de um autor.

Marca da Partida ________ MINUTOS ________ SEGUNDOS

Há, na vida, somente um acontecimento que realmente surpreende um homem, entrando em choque com suas opiniões preestabelecidas. Tudo o mais ocorre como ele já esperava. Um acontecimento sucede a outro, com uma agradável variedade, é claro, mas com pouco do que seja surpreendente ou intenso, em conjunto eles nada mais formam do que uma espécie de fundo, ou acompanhamento acelerado das próprias reflexões do homem; ele então cai, naturalmente, num hábito mental frio, curioso e sorridente, entregando-se a uma concepção de vida que consiste em esperar que o amanhã seja a continuação dos padrões de hoje e de ontem...

Não há provavelmente nada perfeitamente pensado ou escrito sobre o amor que não seja um pedaço de experiência pessoal. Lembro-me de uma anedota sobre um conhecido teórico francês, que debatia avidamente uma questão num círculo de amigos. Alguém objetou, dizendo que ele jamais havia experienciado o amor. Em conseqüência, ele levantou-se, deixou o grupo, tornando claro que não voltaria senão quando tivesse considerado que havia superado a falha.

"Agora", observou ele entrando, "agora estou numa posição de continuar a discussão". Talvez ele não tenha penetrado profundamente no problema; mas a história mostra um pensamento correto e pode servir como um apólogo aos leitores deste ensaio.

Quando, afinal, as escalas caem aos seus olhos, não é sem uma espécie de desalento que o homem se encontra em tal posição transformada. Ele tem que se ver com emoções dominantes, em lugar do fácil gostar ou não gostar, no qual ele até aqui passou seus dias; e ele reconhece possibilidades de dor e prazer, cuja existência sequer suspeitava.

Apaixonar-se é uma aventura sem lógica, algo que somos tentados a julgar como sobrenatural no nosso mundo banal e coerente. O efeito está fora de qualquer proporção com a causa. Duas pessoas quaisquer, talvez, muito amáveis ou muito bonitas, se encontram, falam um pouco e se olham ligeiramente nos olhos, um do outro. Isso tinha acontecido dezenas de vezes na experiência de cada um, sem grandes resultados. Mas nesta ocasião tudo é diferente. Ambos caíram, de repente, naquele estado no qual a outra pessoa se torna, para nós, a verdadeira essência e o centro da criação divina, demolindo nossas laboriosas teorias com um sorriso; no qual nossas idéias ficam tão estreitamente ligadas com o pensamento dominante que mesmo os simples cuidados com nossa própria pessoa se tornam atos de devoção e o próprio amor à vida é traduzido num desejo de permanecer no mesmo universo de tão preciosa e desejável criatura amiga.

E durante todo o tempo seus conhecidos olham com

estupor, perguntando-se, uns aos outros, com ênfase quase veemente: o que é que pode ver naquela mulher ou naquele homem? Garanto-lhes, cavalheiros, que não sei. De minha parte, não posso pensar o que as mulheres significam. Tudo estaria bem, se Apolo pudesse subitamente incandescer para a vida e sair do pedestal, com aquele seu olhar divino. Mas desses bastardos enjeitados que se intitulam homens e que tagarelam intoleravelmente nas mesas de jantar, nunca vi um sequer que valesse a pena inspirar amor — não — nem li sobre algum, a não ser Leonardo da Vinci e, talvez, Goethe quando jovem. Sobre mulheres eu acolho uma opinião um tanto diferente: mas tenho a má sorte de ser homem.

Pare de Marcar

Fim do tempo, ______ **MINUTOS** ______ **SEGUNDOS**

Cerca de 680 palavras **TEMPO DE LEITURA** ________

Encontre seu tempo de leitura na tabela da página ou na equação que apresentei. Escreva-o abaixo:

_____ppm

CAPÍTULO OITO

Revisão da Primeira Parte

VOCÊ TOMOU CONHECIMENTO, até agora, de conceitos básicos e dos passos que deve dar para ler mais rapidamente. Quando começar a Segunda Parte você estará caminhando para um nível mais elevado de satisfação, no qual aprenderá a ser um leitor *melhor* e ao mesmo tempo mais *veloz*. Antes disso, entretanto, gostaria de apresentar-lhe um programa prático, para seguir até que você se certifique de que *todas* as habilidades estão colaborando para você durante todo o tempo. A *Tabela de Exercícios* leva você a uma revisão diária daquilo que lhe foi mostrado na Primeira Parte.

Se você é como a maioria das pessoas, então ainda não usou bem as técnicas até agora. Você tem que se lembrar, toda vez que apanhar um jornal, um livro ou uma revista, de pôr em prática sua destreza. Depois de algum tempo ela se tornará uma parte instintiva, quase inconsciente de sua maneira de ler. Mas isto só acontecerá se você praticar regularmente. O importante é estabelecer uma rotina pela qual você terá certeza de que está usando *todas* as técnicas da leitura rápida. Não é necessário fazer um período de estudo para isso. Você absorverá o método com mais naturalidade se aplicar as técnicas ao cabo de um dia de leitura normal. A *Tabela de Exercícios* é simplesmente uma lista de checagem destinada a verificar se você tem feito todos os exercícios. Ei-los:

Tabela de Exercícios

1. **Pré-Leitura** (Capítulo Primeiro). Pré-leia um artigo. Se você quiser lê-lo completamente depois, não é importante. O que é importante, neste exercício, é *tomar a decisão*: "Devo ler" ou "Não preciso ler". A pré-leitura treina você a decidir-se rapidamente se é o caso de lê-lo posteriormente. Pré-leia sempre o mais rápido possível, seguindo o método exposto no Capítulo Primeiro.

2. **Leitura de frases** (Capítulo Segundo). Alguns exercícios importantes ajudam-no a ler frases: a) Trabalha na ampliação seu *vão de reconhecimento*, tentando aumentar o número de palavras que você vê em cada *fixação*. Praticando o movimento dos olhos chega-se a conseguir isso rapidamente. b) Treine para não olhar na extrema-esquerda de uma linha, mas sim a segunda palavra. Isso lhe dará um guia para eliminar as fixações. O mesmo efeito pode ser conseguido levantando o olhar antes do final da linha. c) Fazer um círculo nas *unidades de pensamento* em artigos de jornais ajuda você a tomar conhecimento das frases, permitindo que sua mente absorva mais depressa as idéias. d) Separar as *unidades de pensamento* com um lápis/por barras diagonais/ como

aqui/ é menos desajeitado também/. e) Fixando os seus olhos *logo acima* da linha impressa à medida que você lê, contribuirá para que a frase seja salientada.

3. **Concentração** (Capítulo Terceiro). É algo que você pode praticar em qualquer lugar, e a chave para isso é a sua força de vontade. Você tem que lutar para que os ruídos não interfiram no seu estado de absorção, enquanto estiver lendo; e tem que deixar bem longe seus problemas emocionais. É requerida inteligência e persistência para se conseguir concentração. E ela é necessária, se você pretender ler rapidamente e compreender plenamente o que lê. Com a prática contínua você descobrirá que sua leitura se torna mais importante do que tudo que o cerca.

4. **Exercícios rápidos** (Capítulo Quarto). Cada um dos exercícios descritos no Capítulo Quarto deve ser diariamente praticado. Aqui estão eles: a) *Leitura colunar*: Fixe os seus olhos no centro de uma coluna de jornal, dirija-se para baixo da coluna rapidamente, tentando ver o maior número possível de palavras de ambos os lados. b) *Aumente sua velocidade,* correndo seu Cartão de Ritmo pelas páginas de um livro, mas com um pouco de mais velocidade do que leria confortavelmente. Ponha de lado o Cartão e continue lendo com a mesma velocidade. c) Para uma percepção rápida, use a técnica do *cartão-relâmpago* nas colunas de frases e digitos. (Para mais detalhes, veja o Capítulo Quarto).

5. **Pulando e Deslizando** (Capítulo Quinto). Para praticar os *pulos* leia rapidamente um artigo, tentando captar as principais idéias do autor, mas pulando as longas explicações e tudo aquilo que pareça irrelevante. Em seguida,

leia o artigo todo e verifique quais foram os pontos realmente importantes que você deixou escapar. Para *pular* com eficiência, você terá de saber antecipadamente o que quer encontrar: fatos, datas, frases significativas, detalhes de algum tipo. Ao proceder a pré-leitura você sabe o que espera encontrar. Estabeleça seu propósito e comece a correr os olhos. Se você tiver uma enciclopédia, ela poderá oferecer-lhe excelentes exercícios. Escolha o nome de qualquer pessoa. Resolva que você tem de encontrar uma meia dúzia de fatos: data do nascimento, da morte, locais do nascimento e da morte, o nome de solteira da esposa, onde viveu a maior parte de sua vida, as honras que recebeu. Agora coloque um lápis em posição vertical bem no centro da coluna e deslize seu olhar da esquerda para a direita e volte.

6. Enriquecer o vocabulário (Capítulo Sexto). Acrescente diariamente um mínimo de oito ou dez palavras não familiares em sua caderneta de notas. Retire algumas palavras de seu vocabulário *passivo* e de *reserva* e empregue-as na conversação. Procure no dicionário o significado de palavras sobre as quais você não está seguro, copie as definições e forme sentenças com cada uma delas. Acima de tudo, estude a pronúncia de palavras não familiares e *pronuncie-as em voz alta*. Você jamais conhecerá bem uma palavra a não ser que a empregue em termos falados. Ao ler seu jornal diário, trate de fazer um círculo em todas as palavras que não lhe são familiares e procure, depois, seu significado no dicionário. O seu vocabulário se enriquecerá muito com expressões vivas e que fazem parte da língua viva de nossos dias. Estude os prefixos e sufixos. Conhecê-los bem fará aumentar seu *nível de percepção*. Estes prefixos e sufixos são *fotos de leitura* que ficarão para sempre na memória.

7. Ritmo (Capítulo Sétimo). Se você ainda não aprendeu as quatro categorias de textos de leitura descritos no Capítulo Sétimo, deve aprendê-las agora. Elas são básicas para decidir seu ***propósito*** na leitura e servirão, assim, como um guia para regular sua velocidade. A velocidade com que uma pessoa lê nas duas categorias mais lentas — ler para avaliar e criticar idéias, ler para adquirir ilustração — depende diretamente da base de conhecimento que essa pessoa tiver e, portanto, de sua capacidade de compreensão. A velocidade de leitura varia enormemente de indivíduo para indivíduo, tratando-se do mesmo texto. O exercício consiste em aumentar a sua, constantemente, lendo sempre com um pouco mais de rapidez do que lhe é confortável, mas onde a compreensão está paralela ao ritmo. Usando o Cartão de Ritmo de vez em quando, você conseguirá ler uniformemente e isto é muito importante. Não diminua a velocidade para um ritmo que fique abaixo da velocidade de sua compreensão. Agora que você está lendo tudo com mais rapidez, provavelmente poderá ler textos mais difíceis com mais velocidade do que possar crer. Não tenha receio disso.

SEGUNDA PARTE

Ler Melhor

INTRODUÇÃO

As Gratificações de Uma Melhor Leitura

LEITURA RÁPIDA útil como é em textos de informação rotineiros não é um fim em si mesmo. É apenas o caminho para a *leitura melhor*. As habilidades desenvolvidas na Primeira Parte deste livro destinam-se a superar as dificuldades que privam a maior parte dos leitores destreinados do prazer de ampliar seus conhecimentos. Na Segunda Parte você prossegue, para ganhar as recompensas de uma leitura melhor.

De qualquer forma, seu treinamento para ler mais depressa levou você a aproveitar a leitura muito mais e, também, a ler com mais inteligência. Se você trabalhou conscienciosamente, houve 4 importantes progressos em sua leitura. Ei-los:

1. A *leitura rápida* despertou tanto os olhos como a mente para receberem com mais clareza e rapidez idéias e imagens.
2. A *concentração* impede agora que a atenção vagueie. Sua mente está completamente ligada àquilo que você lê.
3. Um *vocabulário* em expansão ajuda-o agora a reconhecer e a compreender muito mais palavras do que antes.
4. Um *ritmo* mais veloz na sua leitura, empregado em diferentes espécies de texto, faz com que se desenvolva melhor a *compreensão*.

O Programa da Segunda Parte

A partir de agora você passará para a fase de consolidação daqueles progressos. As gratificações daqui para a frente virão progressivamente, uma após outra, da mesma forma como ocorreu com as habilidades dos Sete Dias, para a leitura dinâmica. Aqui estão os cinco objetivos pelos quais você vem trabalhando até aqui:

1. Você vai adquirir a prática de se lembrar ou de "reter" com mais facilidade — para *reter* e armazenar o que lê e, assim, aumentar a base de seus conhecimentos — ao que será recorrido em futuras experiências de leitura.

2. Uma *retenção* melhor produz melhor compreensão. A informação, as idéias e os pontos de vista que você vai constantemente adquirindo, tornam-se uma base cada vez mais ampla donde depende a compreensão.

3. Por outro lado, mais *compreensão* leva a uma

capacidade maior no trato de textos críticos — isto é, de artigos e livros que exprimem opiniões e idéias que podem ser controversos. Você quererá avaliar essa espécie de texto antes de aceitar ou rejeitar as opiniões do autor.

4. Esse progresso na capacidade de ler obriga a enriquecer seu vocabulário, na medida em que for encontrando palavras novas. O Capítulo Décimo oferece um novo método para você aumentar o conhecimento de palavras, através do uso de seu jornal.

5. Finalmente, a maior recompensa de todas é aquela que você dá a você mesmo, aumentando em muito a leitura de materiais que abordam todos os campos do conhecimento.

Este é o programa da Segunda Parte e você o seguirá por toda a vida. Não me refiro à prática de exercícios. Quando você terminar o livro, as técnicas deverão fazer parte de você mesmo e você as empregará sempre para ampliar seus conhecimentos e prazer na leitura de livros e outros materiais graças a este meio mais veloz e melhor de se ler.

Adquirindo toda a perícia de ler melhor, você despertará uma nova ânsia de aprender. Se você já passou dos 30, talvez esteja pensando que perdeu a fome de aprender anos atrás. Muita gente deixou essa fome adormecida só porque considera a leitura uma tarefa. Com a nova aptidão, a vontade voltará. Para as pessoas jovens, cursando o colegial ou a universidade, o progresso da agilidade na leitura aumenta o desejo de aprender.

Em qualquer idade, ler melhor estimula o apetite. Haverá um sentimento de orgulho e de realização quando você se sentir um perito em leitura. Às vezes as pessoas me perguntam se suas novas habilidades são algo permanente. "Será que posso perder minha velocidade se deixar de fazer exercícios constantemente?" Graças à minha experiência com milhares de indivíduos no Laboratório de Leitura, posso responder, confiantemente, que você não perderá sua velocidade, uma vez que estas técnicas serão parte de você mesmo — na medida em que você continuar lendo. Porque no próprio ato da leitura, você ja *está* práticando. Em tudo o que você lê, a destreza estará presente. Como se vê, a resposta é simples.

Na Segunda Parte você encontrará mais testes, mas neste meio tempo você deverá também estar lendo livros por sua conta. Enquanto isso, marque o tempo de sua velocidade. Uma vez que agora você passará a ler durante muito tempo e muitas páginas, não precisará usar o cartão nem a marcação de tempo mencionados na Introdução e destinados a exercícios curtos. Você agora precisará de um lápis e papel para fazer algumas contas. Aqui estão alguns passos a dar nestas longas sessões de leitura:

1. Você não precisa contar cada palavra que lê. Conta o número de páginas e seu primeiro trabalho é encontrar o número médio de palavras em cada uma. Para fazer isso, conte o número de palavras contidas em cada 12 ou 15 linhas quaisquer do seu

livro. Encontre a média de palavras por linha. Digamos que seja 11.

2. Agora conte o número de linhas impressas de uma página inteira. Suponha que sejam 35. Multiplique 11 x 35 e o resultado será a média do número de palavras em cada página: 385.

3. Agora multiplique 385 pelo número de páginas que você leu e divida o produto pelo número de minutos que você passou lendo. Por exemplo: você leu 100 páginas de 385 palavras, em uma hora e 20 minutos: 38.500 palavras em 80 minutos. Divida 38.500 por 80 para encontrar a sua velocidade: 482 palavras por minuto.

Para ser perfeitamente realista no seu progresso, será bom anotar não apenas a velocidade da leitura como também a espécie de texto que você leu. Lembre-se sempre que a velocidade será — e deverá ser — variável, dependendo do texto de leitura. Se você leu ontem uma novela policial a 670 palavras por minuto e uma biografia hoje a 425, não pense que está perdendo terreno. A variação é simplesmente o resultado do ritmo de *velocidade graduado para a compreensão.* À medida que o tempo for passando, você deverá aumentar aquela média de 425 palavras na biografia, mas o seu escore nesta espécie de texto será sempre menor do que nas leituras leves.

Depois de algum tempo você não se preocupará mais

com a velocidade por minuto. É divertido marcar agora. E não deixe escapar nenhuma das satisfações que a contagem mais rápida lhe possa oferecer. Quando você consolidar suas habilidades de forma a poder usá-las inconscientemente, então seu prazer aumentará com a segurança de que você está lendo muito mais rapidamente — compreendendo tudo — qualquer que seja o texto.

Esta espécie de elevada perícia é o que você deve adquirir agora, quando começa a estudar a Segunda Parte.

CAPÍTULO NOVE

Retenção

A MENTE É UM FILME que retém tudo o que nela for impresso, através da visão e dos outros sentidos. Obviamente, na leitura, as imagens percebidas com mais intensidade são as que a mente retém melhor. Algumas pessoas dizem: "Minha mente é uma peneira. Tudo escapa por ela. Nunca consigo me lembrar daquilo que leio."

Isto acontece porque não estão tentando. A atenção delas se volta para uma dezena de diversões diferentes. Para reter o que você lê é necessário adotar uma certa disciplina. Isto surge naturalmente, graças a este livro.

Eis aqui o que já aconselhamos:

1. Você deve interessar-se o suficiente por aquilo que estiver lendo, de forma a *querer* lembrar-se de seus *fatos importantes.* A não ser que você se concentre, as imagens não serão registradas com a clareza necessária para serem recordadas com facilidade.

2. Você deve exercitar-se de forma a poder distinguir os fatos importantes dos detalhes que pode desprezar.
3. Você deve estar atento para que a direção do pensamento do autor mantenha seu curso ativo dentro de sua mente.

Há duas técnicas que o farão desenvolver a *retenção* como uma habilidade. A primeira consiste em reconhecer as *palavras-chave.* A segunda, em *resumir* os parágrafos mentalmente, à medida que você estiver lendo.

1. **Palavras-chave**. Em qualquer texto o sentido dos parágrafos é conduzido por palavras-chave. As sentenças contêm palavras e frases desimportantes, destinadas a apurar o estilo e a tornar a prosa agradável e imaginativa. A não ser que você esteja lendo exclusivamente para se deliciar com o estilo, a retenção será acelerada se você pular de uma para outra palavra-chave. Isto exige alguma prática mas não é difícil adquirir tal habilidade.

Para exemplificar, eis aqui um parágrafo de uma famosa carta que Benjamin Franklin escreveu para Madame Brillon, uma das grandes damas da corte, quanto ele era agente dos Estados Unidos na França. Com o título de "O Apito", esta carta figura em muitas antologias. Aqui está o incidente que a inspirou:

"Quando eu era um garoto de sete anos de idade, meus amigos, num feriado, encheram meu bolso de moedas. Fui direto para uma loja de brinquedos, e, tendo me encantado com o som de um apito que eu vi por acaso nas mãos de um outro menino, espontaneamente ofereci e dei todo meu dinheiro por um. Cheguei em casa e comecei a apitar por todos os cômodos, entusiasmadíssimo com o meu apito, mas perturbando o sossego de toda família. Meus irmãos, minhas irmãs e meus primos, comentando a barganha que fizera, disseram que eu tinha pago quatro vezes mais do que o apito valia, puseram em minha cabeça quanta coisa boa eu poderia ter comprado com o restante do dinheiro, riram tanto por causa de minha idiotice que acabei chorando de vergonha; as críticas acabaram me dando mais humilhação que o apito me dera prazer."

Sem pensar em cometer uma violência contra o delicioso estilo de Benjamin Franklin, eis aqui as palavras-chave que dão sentido ao parágrafo:

"Quando eu era sete amigos encheram meu bolso de moedas. Fui loja brinquedos encantado som de um apito vi outro garoto espontaneamente ofereci todo o meu dinheiro por um. em casa apitar por todos os cômodos. Meus irmãos e irmãs disseram-me pago quatro vezes valia quanta coisa boa comprado com o restante do dinheiro. riram idiotice Eu chorei; me dando mais humilhação do que apito prazer".

Nesta espécie de leitura de palavras-chave você não salta as palavras que ficam entre aquelas mas sim passa por elas levemente, de tal forma que as *palavras-chave* fiquem registradas e que você possa reter o seu sentido. Se você se lembrar das palavras-chave do texto de Franklin, poderá reconstruir com facilidade a história contida no parágrafo, muito tempo depois de sua leitura.

2. Resumir. Uma segunda técnica que se mostra poderosa para a retenção é resumir parágrafos em sua mente, à medida que vai prosseguindo na leitura. A princípio isto pode parecer um freio à sua velocidade. Se você parar para escrever resumos, é claro que isso vai acontecer. Mas você não pára. Quando você tiver praticado o resumo mental durante algum tempo, sob plena concentração, verá que permanecerá em você uma espécie de post-imagem do parágrafo, mesmo que você continue lendo em alta velocidade. Se você se tornar consciente desta post-imagem, conseguirá reter as idéias principais e acompanhar, ao mesmo tempo, a seqüência da exposição do autor.

Para constatar em que medida você pode reter os fatos que lê, apresento a seguir um pequeno artigo sobre os acontecimentos verificados na Batalha de Lexington. Primeiro, faça uma pré-leitura. Em seguida leia o artigo inteiro tão rapidamente quanto puder e marque o seu tempo antes de fazer o teste de retenção no final. Procure as palavras-chave. Tente resumir os parágrafos, à medida que vai lendo, para que você possa ter um objetivo, digamos que você está planejando escrever um artigo sobre as origens da Revolução Americana.

Comece a Marcar o Tempo:

— SEGUNDOS — MINUTOS

"Quase todos sabem que o primeiro sangue da Revolução Americana foi vertido em Lexington, a 19 de abril de 1775. Muita gente acredita que, naquela fria madrugada, as tropas inglesas atiraram nos milicianos americanos a sangue frio, por estarem apenas exercendo seu direito de portar armas. Mas quem hoje se lembra que a Boston Tea Party foi a causa direta do combate de Lexington?

Este famoso incidente — uma franca rejeição ao

imposto do chá — irrompeu na noite chuvosa de 16 de dezembro de 1773. Um grupo bem disciplinado de cidadãos de Boston — talvez uns 125 ao todo, alguns dos quais caprichosamente disfarçados de indianos — subiram a bordo de três navios mercantes britânicos ancorados no porto e lançaram ao mar uma quantidade de chá no valor de 18.000 libras esterlinas, exportadas da Inglaterra pela Companhia das Índias Orientais.

Quando o Parlamento e Jorge III souberam desse desafio, exigiram que a Província de Massachusetts pagasse o custo do chá. O legislativo provincial recusou a demanda. O Parlamento, então, severamente aprovou uma lei que determinava o fechamento do porto de Boston em 1º de junho de 1774. O porto permaneceria fechado até que o chá fosse pago. O rei mandou o general Thomas Gage como governador militar de Massachusetts, com quatro regimentos regulares, para amedrontar os americanos.

Durante quase um ano o general Gage adotou uma política de cautelosa espera, na esperança de que a agitação morresse. Mas seus espiões o mantinham informado a respeito do crescente acúmulo de munição que faziam os americanos em Concord, situado a cerca de 20 milhas de Boston. Ele também sabia que companhias milicianas se exercitavam nos campos das vilas, de uma ponta a outra da província.

Sua própria força militar estava aumentando aquele inverno. Na primavera de 1775 ele tinha dez regimentos britânicos em Boston, com uma força de mais de 4.000 homens. Gage compreendeu que mandar esse exército contra a milícia significaria provocar uma rebelião armada. Se ele pudesse se apoderar da munição, isto representaria o mesmo que uma vitória militar. As forças provinciais ficariam sem meios de resistir.

O rumo que ele decidiu foi o de efetuar uma marcha noturna de surpresa sobre Concord. Se tudo corresse bem, suas tropas se apoderariam do material e estariam de volta a Boston pela manhã, antes que a milícia pudesse agrupar-se. Parecia um plano perfeito, mas as coisas deram erradas desde o início. Mesmo antes que os 700 granadeiros e a infantaria leve embarcassem nos navios que os fariam atravessar a baía Back, levando-os ao ponto onde deveriam começar a marcha, o segredo fora violado. Paul Revere e William Dawes estavam a caminho, por vias diversas, a fim de alertarem os milicianos, que agiriam imediatamente. Depois que os regulares atingiram a costa, tiveram que demorar cerca de duas horas, à espera de provisões. Já era mais de 1 hora quando eles começaram a marchar.

Tiros de alarme e repiques dos sinos da igreja deram logo a prova de que o território se levantava. Mensageiros excitados cavalgando de volta de Concord informavam ao coronel Smith, comandante dos regulares, que "500 homens armados" estavam reunidos em Lexington, que era para onde a estrada levava. Smith mandou o major John Pitcairn com quatro companhias de infantaria leve para um reconhecimento.

O dia já amanhecia quando Pitcairn avistou Lexington Green. Em lugar de 500, não havia mais do que 70 homens, formados em duas alas irregulares e cerca de 40 espectadores. Pitcairn galopou até eles, exigindo que depusessem as armas. O Capitão John Parker, no comando da milícia, percebeu a futilidade de qualquer ação. Ordenou, então, aos seus homens que se dispersassem e não fizessem fogo.

As companhias britânicas já agora estavam avançando em pelotões contra os milicianos. Alguns — mas não todos — americanos, obedeceram a Parker e começaram a deixar o campo. Nesse instante ouviu-se um tiro, seguido de outros a esmo e logo os primeiros pelotões britânicos desfecharam uma saraivada. Mais duas saraivadas se seguiram, partidas do segundo e do terceiro pelotões, pressionando fortemente o primeiro. Quando os tiros cessaram, jaziam mortos oito homens de Lexington e 10 ficaram feridos. A única baixa britânica foi o cavalo montado pelo Major Pitcairn, mas nunca ficou esclarecido se o animal foi atingido por uma bala americana ou inglesa.

Quem deu o primeiro tiro? Os americanos negaram que tivesse partido de seu lado. Pitcairn jurou que não deu ordens para atirar, embora admitisse que seus homens estavam nervosos e quebraram a disciplina ao darem suas saraivadas. Até hoje ninguém sabe quem desfechou aquele tiro que deu início a uma revolução. Mas quanto a uma coisa não há dúvida. A rota para Lexington começou no porto de Boston com a destruição de três cargas de chá da Companhia das Índias Orientais.

Terminou o Tempo.

TEMPO FINAL — MINUTOS — SEGUNDOS

Tempo. O trecho tem mais ou menos 800 palavras.

Use a tabela da página 17 ou a equação da Primeira Parte para verificar sua velocidade. Escreva-a aqui:

TEMPO — PPM

Teste de Retenção

Este artigo contém uma boa série de fatos importantes. As questões a seguir testarão a sua capacidade de retenção dos pontos principais:

1. Em que data ocorreu o caso de Boston Tea Party?
2. Quantos homens tomaram parte nele?
3. Quanto valia o chá destruído?
4. Quem se tornou governador militar da província de Massachusetts?
5. Quando foi fechado o porto de Boston?
6. Onde os americanos armazenavam munição?
7. Em que noite os ingleses começaram a marcha?
8. Quem levou o alarme para a milícia?
9. Mais ou menos quanto tempo levaram os ingleses para chegar a Lexington?
10. Quantos milicianos havia?
11. Quem era seu capitão?
12. Quem era o major inglês que estava no comando em Lexington?
13. Quantos americanos foram mortos?
14. Quem deu o primeiro tiro em Lexington?
15. Por que o Boston Tea Party causou a revolução?

Se você fez um bom escore neste teste de retenção, então já adquiriu o sentido do que você deve reter na leitura. De 10 a 15 respostas corretas colocarão você na categoria alta. Se você fez menos pontos, este teste forneceu um guia para a espécie de fatos que você deve procurar na próxima vez.

CAPÍTULO DEZ

Vocabulário - II

Há estudiosos que acham que um bom meio de se acumular sistematicamente um vocabulário consiste em se aprender palavras por categorias. É assim que os especialistas operam nessas brochuras que mencionei no Capítulo Sexto. Os exercícios são divididos segundo grupos de palavras que centralizam em uma idéia singular: o campo da medicina, os bons e maus hábitos das pessoas, palavras que nascem das várias ciências, palavras sobre o comércio e muitas outras categorias. Tais livros são eficientes instrumentos para as pessoas enriquecerem seu vocabulário passo a passo, isto é, de maneira a absorver todas as classes de palavras na atmosfera congênita de palavras afins.

Só há um meio de se dominar uma palavra nova. Procure seu significado no dicionário e certifique-se de sua pronúncia correta. Em seguida, pronuncie esta palavra em voz alta, porque enquanto você não conhecer seu som, ela nunca fará parte de seu vocabulário ativo. Faça melhor ainda: escreva uma frase que contenha a palavra, depois leia em voz alta. Desta forma você se familiariza com o som da palavra em meio a uma conversa. Em pouco tempo ela deixará de parecer estranha.

Ao procurar uma palavra, não pare apenas nela. Aprenda tudo sobre suas formas: verbo, substantivo, adjetivo, advérbio. Assim você poderá empregar a palavra em qualquer circunstância. Vejamos uma qualquer: *antropologia*. Quem quer que conheça prefixos e sufixos, pode dividir esta palavra instantaneamente e saber o que ela significa. *Antropo* é uma forma combinada de "homem". O restante da palavra, *logia*, é um sufixo que significa estudo ou ciência de alguma coisa. Assim, *antropologia* é o estudo ou a ciência do homem ou da humanidade. Mas que outras formas essa palavra pode assumir? Uma pessoa que pratica antropologia é um antropólogo. O adjetivo é antropológico. Acrescentando-se *mente* ao adjetivo, teremos o advérbio. Não há verbo. Não se engane com *antropóide* que não se refere à ciência e que significa "parecido com o homem". (*óide* é um sufixo que quer dizer "como").

Vejamos algumas sentenças que podem ser feitas com aquela palavra, a fim de fixá-la mentalmente nos seus vários significados.

> *A ciência* — "Através da *antropologia* os cientistas aprenderam muito sobre o desenvolvimento das raças".
>
> *O cientista* — "Os *antropólogos* fizeram exaustivos estudos sobre os povos dos mares do Sul que ainda se encontram no estágio da pedra".

O adjetivo — "Uma expedição *antropológica* permanece muitos meses no campo coletando dados sobre seus habitantes".

O advérbio — "Operando *antropologicamente*, foi determinado que muitas raças européias migraram do Oriente Médio.

Como o homem (a palavra que não faz parte desta série). — "O gorila é o mais forte dos macacos *antropóides*"

Os Jornais Como Criadores de Vocabulário

Consideremos agora como o jornal pode oferecer uma contribuição especial no enriquecimento do vocabulário. Lendo as várias seções de um jornal, uma pessoa encontrará sempre palavras de várias categorias, de forma a poder construir vocabulários especiais, como fazem os especialistas.

O que significa exatamente a expressão "vocabulário especial"? Vejamos o esporte. O fanático de futebol já tem um vocabulário especializado. Ele conhece e emprega palavras e expressões que animam o esporte. Um homem que nada sabe sobre futebol ficará perdido se um fanático discutir o jogo com um companheiro também entusiasta. Todo esporte tem palavras especiais e idiomas peculiares e os escritores por vezes os empregam em áreas diferentes, para dar mais colorido à linguagem. Se o significado original for conhecido, o sentido da linguagem será imediatamente compreendido. Você poderá encontrar, por exemplo, ao ler uma história de ficção, a seguinte frase sobre um homem que tentou muito para progredir nos negócios: "João fez o melhor na linha média, quando ouviu dizer que seu nome estava sendo cogitado para a vice-presidência: mas no final foi posto a escanteio." Isso é grego para quem não entende nada de futebol, mas é muito claro para quem é torcedor desse esporte.

Quem se dedica à jardinagem também tem um vocabulário específico, capaz de embaraçar qualquer pessoa que nunca tratou de flores e plantas. De fato, o jardineiro encontrará dificuldade para falar a respeito de seu "hobby" com alguém que não conheça as palavras, já que estas são um meio natural de exprimir seus pensamentos e dizer o que ele está fazendo.

Assim, se uma pessoa acompanha os esportes e tem um "hobbie", ela já possui mais do que um vocabulário especializado. O que faz aumentar o vocabulário em uma dúzia de direções diferentes é a leitura regular das várias seções e colunas do jornal, principalmente em suas edições de domingo e fim de semana. Eis aqui uma lista de assuntos que os jornais abordam:

livros	**alimentos**	**música**	**esportes**
negócios	**jardinagem**	**rádio**	**televisão**
educação	**saúde**	**discos**	**teatro**
moda	**lar**	**ciência**	**turismo**
finanças	**cinema**	**sociedade**	**tempo**

Alguns destes assuntos não terão interesse imediato para você, mas tente ler os mais promissores regularmente. Cedo você compreenderá quantas palavras foram incorporadas ao seu vocabulário. Não limite esta "especialização" aos jornais. Vá a uma boa banca e examine as dezenas de revistas especializadas. Elas oferecem introdução fascinante em novos campos de conhecimento. Então, quando seu interesse for captado, visite uma livraria e compre o último lançamento sobre o assunto. O conhecimento do mundo aumenta tão rapidamente, particularmente no campo da ciência, que para estar atualizado você precisa ler muito. E tudo isto enriquece o seu vocabulário.

Palavras especializadas figuram na leitura geral e elas fornecem a chave para um vocabulário enriquecido. Saber seu significado e saber empregá-las contribui para facilitar a leitura e também para acelerá-la. E faz mais ainda, porque um vocabulário vasto é básico para a *compreensão*, assunto do qual falaremos no próximo capítulo.

CAPÍTULO ONZE

Compreensão

COMPREENSÃO é simplesmente a aplicação da inteligência e do conhecimento anterior a qualquer novo texto que você decide ler e entender. Através das técnicas da Leitura Dinâmica a compreensão será melhorada e aprofundada, uma vez que tal habilidade fornece os meios pelos quais a mente agarra as idéias mais rapidamente. Mas a *qualidade* da compreensão dependerá sempre do que cada indivíduo tem como base, ao iniciar uma nova experiência de leitura.

Cada um de nós tem sua *quota de compreensão.* Isto representa a soma de conhecimento do homem advinda de leitura prévia, pensamento, discussão e participação ativa em vários campos. Por exemplo, se você já tiver lido uma novela de Henry James, estará preparado de algum modo em seu estilo prolixo e luxuoso para uma próxima leitura. Você lerá a segunda novela mais facilmente por já possuir *experiência* e *conhecimento* anterior.

Uma pessoa que tenha viajado pela França e Inglaterra lerá "História de Duas Cidades", de Dickens — ou qualquer novela histórica sobre estes dois países — com uma *compreensão* mais imediata, já que está familiarizada com muita coisa dos lugares mencionados. Você também poderá compreender o livro, ainda que não tenha viajado, é claro, mas *compreenderá* menos plenamente do que o homem que tenha esta experiência. A mesma coisa acontece com qualquer assunto. Você sempre lerá com melhor compreensão aquilo sobre o qual já está informado por leitura ou experiência real.

No Capítulo Nono, você leu um breve artigo sobre os acontecimentos ocorridos na batalha de Lexington. Foram apresentadas 15 questões, no final, destinadas a testar sua capacidade de retenção. Quase todas, menos a última, testaram somente a habilidade em reter fatos. A última questão foi também um teste de *compreensão*, para saber em que medida você acompanhou a discussão do autor. Sua resposta deveria revelar se você percebeu exatamente como os acontecimentos em Boston puseram em movimento uma série de ocorrências que atingiram um clímax 16 meses depois, com o início da guerra pela Independência. Você pode ter-se lembrado de todos os fatos levantados pelas questões precedentes, mas, se não respondeu a última corretamente, então deixou escapar o núcleo do artigo.

A *compreensão*, portanto, vem depois da *retenção*, pois reter é simplesmente lembrar fatos e idéias. Para compreender bem você terá não apenas que apreender os fatos principais, como perceber como o autor os dispõe para as devidas conclusões. Para isso, você tem que identificar sua corrente de pensamento com a completa *concentração* do autor. Então todo o conhecimento pertinente, que você acumulou no passado, estará fornecendo permanentemente as informações que irão ajudá-lo daí para a frente. É óbvio que o homem que leu muito e que tem uma rica experiência leva vantagem na compreensão daquilo que lê, pois ele traz consigo uma ampla base, cada vez que se lança numa nova aventura de ler.

A Leitura Faz Crescer

A leitura mais veloz torna possível a você desfrutar de milhares de tais aventuras em cada cem que você teria tido antes. Ela tem dado asas à sua mente. Agora você tem os meios ao seu dispor para adquirir a base de conhecimento, que é a única maneira de garantir a certeza da compreensão de uma ampla série de livros e artigos.

Nos exercícios, você já aprendeu esses meios, pois a habilidade para a compreensão nasce dos exercícios que você estudou. Para desenvolver a compreensão seu empenho deve ser o de *enriquecer-se* em todos os campos que provocam sua imaginação. Ouvir boa música e ler o que se escreveu sobre ela. Contemplar uma obra de arte e deliciar-se com alguns dos belos livros que não apenas reproduzem as obras-primas, mas que falam sobre os artistas e sua arte. Estudar ciência, especialmente no tocante à balística de foguetes e mísseis que tornaram a era espacial uma realidade, deixando de ser um sonho dos escritores de ficção científica. Você encontrará muitos livros, escrupulosamente corretos, que explicam a conquista do espaço de forma que o leigo possa entendê-la. São livros que tambem poëm ao alcance do homem comum novas palavras, que a explosao da tecnologia incorporou à linguagem de hoje. Tente livros de divulgação científica sobre medicina, química, bioquímica, biologia, oceanografia. Nossa era é a da descoberta científica, que está fazendo históricos avanços na solução dos mistérios da vida. Lance sua mente para crescer constantemente.

Deixei a grande literatura para o final, unicamente porque a Terceira Parte, sobre "A Arte da Leitura", destina-se a dar ênfase ao prazer que ela oferece. As novelas recentes, as velhas que você não teve tempo de ler, as histórias modernas, as ciências sociais, tudo isso abre perspectivas para o seu conhecimento e seu bom gosto em literatura. Para a Terceira Parte tivemos a colaboração de um grupo de especialistas que lhe dirão como fazer para que você obtenha o máximo na aventura de ler.

CAPÍTULO DOZE

Leitura Crítica

EMBORA EXISTA uma definição dizendo que crítica é "censura", seu significado mais amplo diz que é uma avaliação, um julgamento. Uma resenha entusiástica de um novo livro que não contenha nenhuma palavra de censura é tanto ou mais crítica que uma resenha que não tenha uma só palavra delicada para dizer. Em ambos os casos o crítico oferece seu próprio julgamento e é claro que você pode não concordar com ele. Em nenhum dos casos o leitor crítico aceita opiniões cegamente. Ele as lê pelo que elas têm de interessante em si e reserva seu julgamento para quando ler o livro.

Nos capítulos precedentes falei acerca do desenvolvimento que se opera num indivíduo, quando ele se torna um leitor melhor. Um dos melhores exemplos disso é o que se dá com a *leitura crítica*. O que você lê terá um significado mais profundo, desde que você está avaliando e julgando o conteúdo de toda a espécie de texto.

Não-Ficção

A forma mais simples de avaliar tem lugar na não-ficção, isto é, em artigos em que as opiniões do autor entram em julgamento. Neste caso você lê, em parte, para se informar, porque o autor enumera a evidência em apoio às suas conclusões. Mas o propósito principal do autor é interpretar a evidência de acordo com as opiniões dele. O leitor estará julgando se ele fez uma boa defesa e também estará decidindo se concorda ou desafia parte dos argumentos.

Editoriais de jornais são igualmente bons exemplos desse tipo de texto. Os editores de jornais tomam determinada posição sobre um assunto de interesse local, nacional ou mundial e a justificam numa discussão fundamentada. Os colunistas freqüentemente debatem pontos de vista controvertidos. Livros e muitos artigos de revistas colocam em discussão causas ou focalizam condições as quais sentem necessidade de corrigir.

Não há regra ou exercício para se aprender a *leitura crítica*, mas pode haver o desenvolvimento ativo de dois processos na sua mente, à medida que você vai lendo. O primeiro é *fazer perguntas*, o segundo é *julgar as afirmações* que faz o autor, para aceitá-las, ou não, parcial ou totalmente.

1. Fazer perguntas. Você não vai ler esta espécie de texto com a idéia preconcebida de encontrar falhas. Simplesmente lê, tendo perguntas em mente. Provavelmente, em certo sentido, você vem fazendo sempre isso. Com a elevação da capacidade de leitura e com o ritmo mais acelerado, sua mente absorve as idéias mais rapidamente e tem mais condições de assumir um papel mais ativo na avaliação. Isso proporciona uma grande dose de estímulo à leitura. Não há nada mais desafiador do que confrontar inteligência e conhecimento com uma pessoa informada e este é que deve ser o propósito do leitor na leitura crítica.

Muitas das questões que surgem na sua cabeça dependerão da natureza do artigo. Mas há um padrão geral que pode ser aplicado à maioria dos artigos. Permito-me ilustrar com um exemplo:

Suponha que você está prestes a ler um artigo intitulado: "O seu dinheiro está indo por água abaixo". O assunto é o programa de ajuda do governo norte-americano às nações subdesenvolvidas. O título é extraído da argumentação do autor sobre o que ele alega ser um pessimamente concebido e dispendioso projeto destinado a drenar terras alagadas num país qualquer da América Latina. Você não sabe nada sobre o assunto em discussão. Mas algumas perguntas inteligentes você poderá fazer:

a. Qual é a experiência do autor? Ele trabalhou em tal projeto ou já visitou a área?

b. Qual é a autoridade do autor? Economista, agrônomo, jornalista, membro do Congresso?

c. Qual parece ser seu propósito ao escrever o artigo?

d. Dá a impressão de ser um observador objetivo ou você sente que ele é dominado por preconceitos?

e. Que espécie de provas ele oferece? Ele apresenta relatórios? Ou muito do que diz é simplesmente a sua opinião?

Questões assim regem a soma de ceticismo que se desenvolve na sua mente e isto tornará sua leitura mais interessante, uma vez que você fica mentalmente ligado. Sua atitude em questionar fará também com que você possa distinguir entre o que é *informação de primeira mão* e o que é *opinião*.

2. Julgar as afirmações. As afirmações de maior credibilidade de qualquer artigo ou livro serão aquelas que citam autoridades ou as que são feitas na base de observação pessoal. É o que se chama *informação*. Quando o autor se afasta de informações documentadas ele está dando *opinião*. Pode parecer uma opinião bastante plausível, mas você terá que considerar se a opinião se justifica à luz de fatos conhecidos. Vamos ilustrar isso com um pequeno parágrafo sobre pesca:

> "Segundo o autorizado livro 'A Pesca Norte-americana', o Gulf Stream que passa pela costa leste da Flórida é uma das melhores áreas de pesca esportiva, nele, vivendo a maior parte dos mais notáveis peixes de grande porte do mundo. Certa tarde eu vi agulhão-bandeira, marlim branco e azul, tarpão liso e gigantescos tubarões. Nenhum peixe proporciona melhor esporte de vara e linha do que o marlim azul."

Das três sentenças deste parágrafo, a primeira é *informação*, uma vez que é citada uma autoridade. A segunda também é uma *informação*, uma vez que o autor baseia sua observação na sua própria experiência.

A terceira, contudo, é uma *opinião*, embora o autor provavelmente a tenha adotado na base de batalhas pessoais com várias espécies de peixe. Você não poderá discutir as duas primeiras sentenças. Mas poderá querer objetar a terceira. O autor não forneceu base alguma à sua opinião.

Formas Mais Gerais da Não-Ficção

Até aqui venho falando de artigos e livros destinados a dar informações que são também interpretadas pela opinião do autor. Uma forma diferente de precaução crítica entra em jogo com a não-ficção que tenha importante qualidade literária: uma boa biografia ou um livro de memórias, ensaios, estudos sobre determinado período histórico, filosofia e outras humanidades. Você não fica simplesmente fazendo perguntas e julgando afirmações; você também julga a *qualidade.* Para isso o *gosto* do leitor pela literatura tornou-se, agora, parte do instrumental crítico.

Numa biografia, por exemplo, o autor contará os fatos a respeito da pessoa que está biografando, trazendo à baila a influência exercida pelos seus pais, amigos de infância e pelo ambiente, mostrando como tudo isso desempenhou um papel formativo no curso do seu desenvolvimento. O autor estará tanto *interpretando* os fatos como *usando seus dotes literários* a fim de dar ao leitor uma visão do homem e de seu tempo. O leitor crítico, aqui, não só estará fazendo perguntas e julgando afirmações, como formando sua própria avaliação sobre o desempenho literário do autor.

Ele considerará a qualidade do estilo e a forma como o período foi recriado. E estará também formando sua própria opinião sobre se a interpretação dos acontecimentos feita pelo autor é justificada pela pesquisa que sustenta as conclusões. Parte disso está no texto. Freqüentemente há citações ao pé da página ou "notas" adicionais, em geral colocadas no fim do livro. Meu conselho é que você ignore tudo isso ao ler, uma vez que pode haver interrupções irritantes na narrativa. Mas tal documentação deve, toda ela, ser levada em consideração quando você estiver fazendo a avaliação final. Ela representa a justificativa das conclusões traçadas pelo autor.

É nesta avaliação final que o seu *bom gosto* desempenha seu papel, uma vez que o julgamento será baseado numa comparação das *qualidades* do livro com as de outras biografias que você tenha lido. Este mesmo elemento entra na avaliação de tudo que seja ficção destinada a enriquecer seus conhecimentos. Pelo volume de leitura que tem nesse campo uma pessoa aprende a avaliar o livro que acaba de ler e a classificá-lo em um lugar apropriado na literatura contemporânea.

Literatura Imaginativa

Outra espécie de leitura crítica entra em jogo com a *literatura imaginativa*, isto é, obras de ficção, de teatro e de poesia. A pessoa que tenha lido ficção somente pela sua qualidade de entreter, achará que a leitura crítica introduz uma rica e nova dimensão no prazer que ela oferece. Sem fazer questão disso, esse leitor transforma-se em seu próprio visor crítico, julgando uma novela com um critério adicional sobre sua beleza literária. Ele comparará o último livro do novelista com o mais recente. Considerará o estilo e o gênio particular do autor em evocar humor em suas cenas. Estará atento para verificar se o autor sabe criar bem os personagens e fazê-los agir com coerência. Em lugar de simplesmente tocar em frente para ver "o que acontece" ele será completamente envolvido numa experiência de leitura.

A mesma espécie de instrumento crítico aplica-se à leitura de obras teatrais. O leitor apreciará a capacidade do dramaturgo em dar rapidamente um sentido da situação através dos diálogos do começo do primeiro ato para, em seguida, construir a ação destinada a acusar o efeito desejado. Se você assistir à peça no teatro, verá que os próprios atores criarão muito desse efeito. Ler uma peça teatral é um teste melhor para se avaliar a habilidade do dramaturgo. Aqui seu texto tem que levar o palco e seus personagens à vida brilhante, mas na mente do leitor.

Ler poesia — especialmente as passagens mais obscuras da poesia contemporânea — é uma experiência que muita gente afirma não gostar. Mas se você ultimamente não tem lido versos, tente agora, com sua nova habilidade. Você poderá descobrir que com sua mente pronta para absorver as idéias com mais facilidade, o que parecia obscuro e difícil antes, assume nova significação e oferece mais prazer agora.

Estas aventuras no campo do auto-enriquecimento são as experiências de leitura sofisticadas. Fazem parte do crescimento a que fiz alusão no capítulo anterior. Agora que o penoso trabalho de leitura foi superado, você está livre para interpretar e para apreciar ao mesmo tempo. São estas as duradouras recompensas que dá o método de *ler melhor*.

CONCLUSÃO

A Promessa da Terceira Parte

AGORA ESTAMOS PRONTOS para levar em conta a Arte de Ler. Tudo o que foi dito nas duas seções precedentes é apenas o prólogo para o objetivo pelo qual vimos trabalhando: a verdadeira arte de ler. Você agora está preparado para entrar com confiança no maravilhoso mundo dos livros.

Com suas recentes habilidades desenvolvidas, esta será uma rica experiência, pois os livros são uma abertura de novos horizontes, uma estrada para novas aventuras, uma fonte de prazer e diversão inesgotável. As pessoas que aprenderam realmente a ler, nunca se embaraçam, nunca estão sós. Um bom livro é o melhor dos amigos, hoje como sempre. Mas também, como disse Emerson, "é o bom leitor que faz o bom livro." É por isso que tudo o que aprendemos até aqui é de importância fundamental.

Vejamos até que ponto chegamos:

A primeira parte explicou a mecânica da *Leitura Dinâmica* e apresentou os exercícios que levam à velocidade.

A Segunda Parte levou-nos ao amadurecimento da habilidade de *Ler Melhor* e destacou aspectos importantes desse programa de desenvolvimento, tais como a *Retenção*, a *Construção de um Vocabulário*, o que é necessário para a *Compreensão* e, finalmente, a rica recompensa que nos dá a *Leitura Crítica*.

A aventura real começa, à medida que nos lançarmos aos prazeres mais profundos da leitura, com a rapidez e a agilidade que Leitura Dinâmica nos ensinou. A seção seguinte é dedicada à Arte de Ler por prazer e benefício próprio.

Fiz uma seleção de uma grande variedade de obras que refletem amplas diferenças de assuntos, de pontos de vista e de estilo literário. O primeiro artigo, intitulado "No Começo Foi a Palavra", fala sobre a importância da linguagem no desenvolvimento da sociedade humana. Acredito que você se interessará neste relato sobre o que sabe o homem quanto à origem do "mais poderoso instrumento para transmitir seu pensamento, para dar forma à sua atividade, para formular suas esperanças e seus planos futuros e para preservar sua memória do passado proveitoso."

No trabalho seguinte Lewis Broad descreve brilhantemente como Winston Churchill conduziu o povo inglês para defender-se dos ataques nazistas em agosto e setembro de 1940.

Outras seleções falam sobre a estratégia da Marinha dos Estados Unidos no Pacífico, durante a Segunda Guerra, sobre a vida e arte na Grécia antiga, sobre a obra de "Wild Bill" Donovan e seu OSS, sobre a vida de Maomé, o profeta do Islam, sobre como a Terra foi vista por um astronauta norte-americano no espaço, sobre o que alguns filósofos modernos acham a respeito da vida futura, sobre como Gary Cooper conseguiu seu estrelato no cinema e sobre quem são os grandes escritores da língua inglesa no século vinte. O último trabalho, que é extraído da obra de Ivone Kirpatrick, *Mussolini: um Estudo do Poder*, relata as últimas tormentosas — e patéticas — horas do ditador italiano.

Assim, você encontrará, na Terceira Parte, exemplos de escritos históricos e científicos, narrativas, descrições, discussão filosófica, análise e biografia, tudo constituindo uma excelente introdução à alegria da leitura extensiva!

Tenho sempre insistido na leitura em voz alta, uma vez que este é um excelente meio de aguçar a percepção e para você se acostumar a pronunciar as palavras que não lhe são familiares e que podem vir à tona inesperadamente. Você naturalmente pode correr com o ritmo que você usa na leitura rápida. Contudo, ler em voz alta pode realmente ajudá-lo a absorver as palavras rapidamente e, ao mesmo tempo, a enriquecer seu vocabulário.

Ler em voz alta traz outra vantagem: ajuda a leitura de frases. Tente este exercício: pegue seu livro e dirija seu olhar somente para metade de cada linha. Memorize o restante da linha, enquanto lê, e levante o olhar enquanto fala as palavras remanescentes. Depois, olhe novamente para a linha de baixo e repita o processo. Isso ajudará sua memória e também contribuirá para que sua performance seja mais interessante para sua família, que o está ouvindo, porque o aproxima mais dela. Lembre-se: trata-se de uma experiência de participação familiar.

Você não será uma parte calorosa dela se mantiver o olhar exclusivamente nas páginas do livro.

Ligado a isso, um dos aspectos importantes e encantadores é a experiência que se faz com a leitura para crianças, pois ela as encoraja a memorizar versos ou narrativas breves, mesmo antes de aprenderem a ler.

Neste ponto, dizemos adeus ao caro leitor que começa uma aventura que jamais acaba. Seu progresso levou você até o maravilhoso mundo dos livros.

Aproveite!

TERCEIRA PARTE

A Arte da Leitura
Um Leque de Seleções

"No Começo Foi a Palavra"

por Maurice Fabre

A passagem a seguir foi extraída de Uma História de Comunicações, inserida no volume 9 "The New Illustrated Library of Science and Invention". *O trabalho de Fabre registra toda a história dos esforços do homem para transmitir o pensamento ao seu semelhante através de todos os meios de comunicação.*

COMUNICAR é estar vivo, estar ativo em relação aos outros. Hellen Keller, surda, muda e cega desde criança, viveu nas mais inferiores condições físicas até poder abrir caminho para o mundo exterior. Porque a comunicação é essencialmente um intercâmbio, uma pergunta e uma resposta, uma ação e uma reação entre um indivíduo e o meio que o cerca. Como se sabe, a comunicação, nesse sentido, não se limita ao homem, porém dela participam, em dada extensão, insetos e animais. Ela pode envolver a visão, o tato e audição, os gestos, as expressões e os ruídos. Mas somente o homem desenvolveu esse meio de comunicação altamente organizado que chamamos de linguagem; e sua habilidade em usar a palavra falada para atingir seu propósito tem muito a ver com sua posição dominante neste mundo.

"No começo foi a palavra." Embora o homem tenha sempre reconhecido e venerado o poder da linguagem, outros meios de comunicação têm estado à sua disposição: uma gama de gestos, uma ampla linha de expressões faciais, de danças e de desenhos elaborados para transmitir pensamentos em série; mas desde o começo da sociedade humana a linguagem tem sido o instrumento mais poderoso do homem para transmitir seu pensamento, para dar forma à sua atividade, para formular suas esperanças e seus planos, e para preservar a memória do proveitoso passado. A linguagem e a sociedade cresceram juntas; se uma se tornava mais complexa, mais complexa também ficava a outra. E não é de se admirar, pois elas são aspectos diferentes da mesma coisa. A linguagem é uma forma de comportamento social, exprimindo e ao mesmo tempo dando forma às crenças e às atitudes das pessoas em grupo: sejam famílias, classes sociais, aldeias, tribos ou nações.

Considerando a importância da linguagem no desenvolvimento da sociedade humana é de admirar que se conheça tão pouco sobre suas origens. Escrever, que por definição é um registro durável, ocorreu bem tarde na história humana, mas a fala, que por natureza é evanescente, talvez tenha surgido dezenas de milhares de anos antes do aparecimento da escrita. Quem sabe se a linguagem, se é que houve, foi falada pelo homem paleolítico, ele cujos ossos, cujos instrumentos, cujas pinturas nas paredes das cavernas sobreviveram, mas não sua fala? A ausência de qualquer espécie de prova real sobre a origem da fala humana abriu o assunto a intermináveis especulações. Sempre houve, é claro, aqueles que sustentam que a fala foi divinamente revelada ao homem, uma dádiva de Deus. Outros, mais lógicos, mas não menos afastados da verdade — inclusive Demócrito, Locke, Condillac e Adam Smith — sustentam que a fala foi adotada pela humanidade, em convenção. Em outras palavras, que ela poderia ser considerada como uma criação artificial legislada, por assim dizer, dentro da existência.

A partir do século 19 as pesquisas sobre as origens da fala aumentaram em quantidade, seriedade e intensidade, mas os resultados foram tão escassos quanto sempre. Surgiram algumas teorias alternativas entre eruditos contemporâneos, teorias que receberam nomes coloridos que não deverão depreciar a seriedade de suas intenções. Há, por exemplo, a teoria do "bow-wow", que sustenta que a palavra humana surgiu primeiro como imitação de sons naturais, tal como o latido de um cão. Ou a teoria do "Pooh-Pooh", segundo a qual a fala começou com exclamações de medo, dor, prazer e similares, e a teoria dela aparentada, a do "yo-he-ho", pela qual ela começou com grunhidos de esforço físico, ou a teoria de "sing-song", sustentando que os cantos primitivos abriram o caminho para a fala. O erudito soviético Marr considera que a fala articulada começou como um acompanhamento da comunicação por gestos. E ele fundamenta todas as variações e combinações da fala subseqüente em apenas quatro sons primitivos, usados originariamente com aqueles gestos: sol, bé, ion e róc. Outros lingüistas acreditam que a fala apareceu somente quando, como acontece com as crianças, a atividade mental de uma pessoa adquire um certo nível de desenvolvimento.

Todos estes admiráveis estudos fizeram pouco para esclarecer a verdadeira origem da linguagem. De fato, a maioria deles é apenas tão especulativa como a persistente lenda que diz que a primeira linguagem foi a "linguagem dos pássaros". Esta idéia bizarra apareceu entre os antigos egípcios, entre os incas da América do Sul e nas histórias de Orfeu, Siegfried e S. Francisco de Assis. Ela chegou a ser seriamente discutida pelo alquimista da Idade Média, Fulcanelli, que escreveu: "Os raros escritores que falaram sobre a 'linguagem dos pássaros', concedem-lhe o primeiro lugar nas origens da fala. Eles dizem que ela começou com Adão, que a usou para impor, à vontade de Deus, nomes apropriados destinados a definir as características das pessoas e das coisas da criação."

A idéia de que deve ter havido alguma linguagem original é tão persistente como a lenda da "linguagem dos pássaros". Até o final do século XVII o hebreu, a língua da revelação divina, foi defendido como sendo a língua original da humanidade. Leibnitz protestou energicamente contra este ponto de vista e mudou gradualmente a ênfase da pesquisa da língua isolada original para o fato, que se tornou cada vez mais óbvio, de que havia grupos ou famílias de línguas. Na tentativa de elucidar as relações que ligavam as várias línguas, os estudiosos começaram a desenvolver um novo instrumento para o estudo e a difusão das línguas. Os lingüistas históricos, especialmente aqueles que se aplicaram no problema dos grupos de línguas indo-européias no século 19, começaram a fornecer uma base muito mais lógica e científica para o estudo da linguagem em geral.

Anos de estudos cuidadosos e devotados montaram um quadro das línguas do mundo — línguas mortas e vivas — que chegam a amedrontar dado a sua complexidade. Estima-se que atualmente há cerca de 3.000 línguas em uso. Só na Europa, os eruditos contaram 120. Há também as línguas mortas, inclusive a sumeriana, a sânscrita, a latina, a fenícia, a cíntia, a iberíca etc. No total, parece que cerca de 4.000 línguas desapareceram durante a evolução humana e, portanto, lingual. Um exemplo estranho é a lingua etrusca, que pode ser lida porque foi escrita em letras gregas, mas muito pouco ou nada compreendida porque sua sintaxe difere da de qualquer língua conhecida.

E todas essas línguas, vivas e mortas — com poucas exceções, como a basvua e a ainu japonesa, que até agora desafiam classificação — se relacionam entre si de forma complexa, através de origens comuns, estruturas similares, raízes vocabulares e sons, caindo em grupos familiares e em subdivisões desses grupos, alguns deles imensos e outros completamente insignificantes. Os maiores grupos são o africano, o semítico-hamítico, o indo-europeu, o sino-tibetano, o japonês coreano, o ural-altaico, o austronésio, o indo-sul-americano. A estes, muitos outros grupos e subgrupos podem ser acrescentados ad infinitum: o caucasiano, o dravidiano, o fino-húngaro, 26 famílias menores da América do Norte, inclusive o esquimó, o algonquim, o uto-asteca e o iroquês, 20 da América Central, inclusive o maia e o zapotecano, e 77 da América do Sul e dos índios do Oeste, inclusive o aravak, o caribeano e o chibcha. A contagem para a América pode não estar muito exata, pois a classificação das numerosas línguas índias ainda está em fase embrionária.

Destas assim chamadas "famílias" de línguas, algumas podem ser faladas por apenas milhares de pessoas, enquanto as línguas sino-tibetanas do sudeste asiático são faladas por bem mais de 600 milhões de pessoas e as línguas indo-iranianas por cerca de 400 milhões. Entretanto, estas últimas são apenas um subgrupo das grandes famílias de línguas indo-européias ou arianas, que abrange numerosos outros subgrupos, tais como o germânico, o romance, o eslavo e unidades menores como o grego, o albanês e o armênio.

A família de línguas indo-européias, atualmente usadas pela metade da população mundial, parece ser originada de uma pequena área compacta — variadamente localizada desde o platô iraniano até o Báltico, através da Europa Central — cujos habitantes migraram para o Sul e para o Oeste antes do ano 2 000 A.C., espalhando a estrutura básica de sua língua para diversas áreas. Mais tarde o latim, um dialeto indo-europeu menor, localizou-se perto da embocadura do Tibre, espalhando-se por conquista por boa parte da Europa e do Mediterrâneo. Ramos do latim e do subgrupo germânico da família indo-européia — francês, espanhol e inglês — viajaram então pelo mundo. Todavia, a estreita relação dos muitos ramos indo-europeus nunca ficou completamente clara. Viajantes do Irã, por exemplo, ficam admirados quando descobrem que palavras básicas como mãe e pai são quase as mesmas que as inglesas.

Um tal quadro de línguas e de grupos de línguas nascendo e morrendo, evoluindo, dividindo-se, competindo, ora ativas e ora em mudança, parece totalmente confuso até que a gente se lembre que a língua é meramente uma expressão da sociedade humana. As línguas, como as culturas, as nações e as civilizações, tendem a se desintegrar em grupos locais, a menos que haja uma forte influência centralizadora para forçar a unidade e o desenvolvimento. Os romanos difundiram o latim pelo mundo conhecido, mas, quando o império romano ruiu, o latim também se dividiu nas várias línguas romanas que atualmente conhecemos. As línguas acompanham as tendências sociais, políticas, econômicas e religiosas. Há línguas mortas, por exemplo, que foram revividas por motivos políticos, como aconteceu na Irlanda e em Israel. Mesmo dentro de uma determinada área de línguas, as diferenças de dialeto, de uso e de vocabulário refletiram as graduações de diferenças de classe, de diferenças entre jovens e velhos e entre uma profissão e outra. A língua é, certamente, uma forma de comportamento social.

É por esta razão que todas as tentativas no sentido de se criar uma língua "universal" artificial acabaram falindo, a despeito da persistência de muitos inventores, que parecem ter acreditado que a língua pode ser imposta à sociedade, tal qual leis. Há o registro de um certo árabe, o xeque Mohyi-ad-Din, que inventou uma língua chamada "bala-balan". O empreendedor John Wilkins, bispo de Chester, publicou uma gramática e um dicionário de uma língua que ele inventou, em 1668. Ali pelo ano de 1887 um polonês, Zamenhof, introduziu o conhecido Esperanto do qual o Ido é um refinamento. Em 1925 foi criada a língua Ocidental. Depois veio a Interlíngua e a Gala, esta formulada na base dos dados linguísticos mais recentes.

Todos esses exemplos destinam-se apenas a ilustrar a cegueira de muitos estudiosos quanto aos aspectos históricos da língua. Desde os tempos remotos a língua não somente refletiu o desenvolvimento e as mudanças da socieade humana em toda a sua complexidade, como até desempenhou um papel mais positivo na moldagem da sociedade e constituiu o acréscimo de meios de elaborar as coisas, a crença e o conhecimento, que nós chamamos de cultura humana ou, num plano mais alto, de civilização. Antes da invenção da escrita e na ausência de uma história escrita, o conhecimento acumulado, o aprendizado e a sabedoria do grupo passavam de uma geração para outra através da palavra oral. A palavra falada e lembrada **era** história. Sem instrumentos de escrita, tinha que servir a fala; sem arquivos, havia a memória retentiva de certos homens.

A tradição oral dos tempos pré-históricos continua sendo um livro fechado para nós. Com o surgimento da civilização ela foi suplantada e destruída pela literatura, que significa, etimologicamente, "coisa escrita": o narrador transformando-se em poeta ou escriba. Mas lendo os épicos antigos, tais como a *Ilíada* e a *Odisséia* (presumivelmente escritas por Homero no ano de 800 A.C.) somos levados ao menos a um rápido olhar no vasto reservatório de estórias não escritas, lendas, mitos e feitos heróicos que jazem por trás daqueles poemas e que, provavelmente, são baseadas em originais fenícios, egípcios e sumerianos. De fato, em toda a antiguidade ecoam lendas contadas e recontadas por vozes anônimas. Havia os narradores hebreus, cujas histórias e exortações mais tarde seriam incorporadas ao Velho Testamento. Havia os bardos celtas, os poetas anglo-saxões e os trovadores escandinavos. Sem dúvida nenhuma, os últimos grandes conservadores da tradição oral antiga na civilização ocidental foram os trovadores alemães da Idade Média, e os trovadores da França, que perambulavam de castelo a castelo, cantando a cavalaria e o amor, uma na língua d'oc e o outro na língua d'oil.

Mesmo uma fiel imitação de como deve ter sido viver sem a palavra escrita é exemplificada pelo estudo de povos primitivos de épocas mais recentes. Em um sem-número de narrativas, versos, fábulas, lendas e mitos eles dão sua resposta àquelas três perguntas eternas, feitas pelo pintor Paul Gauguin, no topo de uma de suas telas: De onde viemos? Que somos? Para onde vamos? Mas o saber de memória do primitivo não fica confinado às narrativas sobre a criação e sobre como agradar aos deuses. Ele tem também o desígnio de orientar o ouvinte nas crises e nas necessidades diárias: o nascimento, a morte, o casamento, a caça ou a colheita.

Evidentemente, só um especialista dotado, um homem treinado no emaranhado do saber tradicional, pode ser incumbido da tarefa de transmitir conhecimentos assim. Na Polinésia, a transmissão oral era cuidadosamente regulada e atingia um grau impressionante de exatidão, e os declamadores profissionais itinerantes enfrentavam um público que não era nada passivo, mas, ao contrário, participava e respondia. Os melanésios consideravam a palavra algo muito importante e identificavam não somente o orador como a si próprios com essa importância, de modo que havia técnicas precisas não apenas para falar como para preparar para falar. Genealogias, rezas, mitos, poemas, canções e lendas eram bens dos declamadores — o harepo de Tahiti, o tuhuna das ilhas Marquesas, o rogorogo das ilhas Gambier —, que eram treinados por sacerdotes e tinham de passar por exames, especialmente quanto à capacidade retentiva nas suas memórias, antes de receberem permissão para instruir as próximas gerações nas aventuras dos grandes deuses Atea, Tane, Tu, Rongo, Oro e Taaroa, o Criador do mundo.

Entre os índios norte-americanos, o conhecimento e a transmissão dos textos sagrados estavam nas mãos dos sacerdotes ou curandeiros. Como outras sociedades primitivas, os índios faziam distinção entre mitos, que eram considerados verdadeiros, e narrativas, que eram fantasias contendo simples preceitos morais para serem memorizados pelas crianças. Os mitos, por exemplo, contavam freqüentemente histórias do Grande Ancestral: o coiote do platô da Colúmbia, o corvo da costa noroeste do Pacífico ou o deus Vidapoqui do Sudoeste. Enquanto os curandeiros índios eram treinados para divulgar estes mitos e estas narrativas, pela palavra oral, os curandeiros dos esquimós, imergidos na magia e na fantasia, tinham como uma de suas principais funções a preservação e a transmissão de fórmulas mágicas usadas para uma variedade de fins: para curar, para garantir sucesso na caça, etc.

Na África também a palavra falada tem sido de capital importância na preservação e na transmissão dos mitos e preceitos das inúmeras culturas lá existentes. Quase 250.000 lendas africanas foram colhidas por um especialista. Diz-se frequentemente que a África primitiva tem uma "civilização falada". Neste tipo de sociedade pode-se ocasionalmente encontrar ainda um "mestre da fala" agregado a um rei ou a um chefe de tribo. Tradicionalmente o "mestre da fala" era uma espécie de arquivo ambulante com a cabeça abarrotada de informações sobre o seu povo e suas relações com os vizinhos, passados e presentes. Ele atuava como bibliotecário, notário e historiador ao mesmo tempo, e como curandeiro ou declamador profissional, freqüentemente fazendo incríveis façanhas com sua memória. Tais mantenedores da tradição oral eram de importância crucial na sociedade primitiva, mas com a escrita e a civilização sua função desapareceu. E nós é que perdemos com isso.

Tanto os homens primitivos como os pré-históricos não tinham escrita; mas tinham eles outros meios quaisquer para transmitir idéias além da fala? Certamente as pinturas nas pedras do período neolítico, recentemente descobertas na região do Saara, assim como as pinturas similares de primitivos recentes, parecem estar próximas de "contar uma história", o que no fundo quer dizer comunicação.

E há ainda as pinturas paleolíticas mais antigas, das cavernas da França e Espanha, as quais, tomadas em conjunto, podem igualmente representar um esforço para contar uma estória, assim como certas marcas em artefatos da mesma era, possivelmente destinadas a indicar posse. Até a criação da escrita, todavia, a fala direta foi o principal método de comunicação. Mas aos poucos o homem foi tateando seu caminho para novos meios, que lhe permitiriam não somente registrar o que aprendia, como transmitir aos outros, de uma forma mais exata.

A Derrota dos Invasores: Agosto-Setembro de 1940

por Lewis Broad

A soberba biografia de Winston Churchill, *em dois volumes, escrita por Lewis Broad, destaca-se pelo seu estilo cadenciado de narrar e pela brilhante caracterização que faz o homem.*

QUANDO O MÊS de julho acabou, Churchill recebeu os primeiros alertas do Continente. Depois de negociações governamentais, a máquina de guerra alemã começava a se mexer. Hitler tinha dado ordens para o assalto à Grã-Bretanha, uma operação "arrojada e intrépida", como ele a chamara, em face da "total determinação dos habitantes da ilha". A operação teria que ser completada — segundo suas ordens — em meados de setembro. Seus generais começaram a reunir as tropas, um quarto de milhão de homens e seus almirantes preparavam as embarcações. Tanto os generais como os almirantes esperavam que Goering e a Luftwaffe limpassem os céus. A menos que os aviões britânicos fossem afastados, os almirantes não podiam esperar a retirada dos vasos de guerra ingleses para fora do Canal e, se os navios britânicos continuassem lá, então os generais sabiam que seria suicídio tentar cruzá-lo: seria como "despejar homens numa máquina de fazer salsichas."

A Batalha da Grã-Bretanha começou. E acabou como começara: no ar. Churchill acompanhou seu curso com atenção ansiosa. O mapa das mortes e perdas era sua preocupação prioritária. A Inglaterra estava em desvantagem e a perda de avião por avião a colocaria fora da luta. Dia após dia os alemães sobrevoavam, bombardeando aeroportos e estações de radar, estes os olhos mágicos da defesa. À noite Churchill escrutinizava os que voltavam. O inimigo pagava caro mas, por mais gratificantes que fossem os números, não era aí que ele punha seu interesse principal. Qual era o preço que a RAF estava pagando? Era considerável e, à medida que as perdas cresciam, as apreensões aumentavam.

Os aeroportos da linha de frente é que arcavam com o impacto do ataque. Alguns, como Manston e Lympne, no East Kent, ficaram fora de ação até que pudessem ser reparados. Biggin Hill sofreu seriamente. Churchill fazia visitas para encorajar os homens e às vezes para criticar. Em Manston ele se queixou da demora em tapar as crateras causadas pelas bombas: era um trabalho lento demais, muito abaixo do tempo que levavam os alemães.

Em meados de agosto Churchill foi ao microfone para relatar o progresso da batalha e pagar um tributo aos jovens aviadores, com as palavras que registraram sua fama: "Os Poucos". Destemidos frente à inferioridade, incansáveis a constantes desafios e frente ao perigo mortal, os homens da RAF estavam virando a maré da guerra graças à sua bravura e devoção. Veio então a frase imortal: "Nunca, no campo do conflito humano, tantos deveram tanto a tão poucos."

Ele teve palavras de louvor para Beaverbrook, pelo espantoso aumento de produção e do reparo de máquinas, por uma organização "que parecia mágica". Mas por mais estupendamente que tivesse trabalhado o ministro da Produção de Aviões, a desvantagem de anos de incúria não podia ser superada em alguns meses. Pelo mero peso dos números a Luftwaffe começou a vencer as defesas. As reservas de aviões começavam a diminuir. O índice de perdas era maior do que a capacidade das fábricas em repô-las e uma redução de pilotos treinados foi uma agravante a mais nas ansiedades do Primeiro-Ministro e do comando da RAF. "Os Poucos" estavam reduzidos ao limite máximo.

Quando a luta parou, o suspense aumentou e a ansiedade cresceu. Os atacantes, indiferentes às perdas, destruíam agora os aeroportos do Sul. Ausentando-se de Westminster, Churchill acompanhou os confrontos de perto, das estações aéreas de Kent e Sussex. Com tudo em jogo, ele tinha que estar no local.

Certa noite, em setembro, ele estava presente no quartel-general do Grupo de Combate, do qual eram controlados os esquadrões de Kent, Essex, Sussex e Hampshire. Na sala de operações do subterrâneo ele observava enquanto se desenrolava a batalha. Pequenas lâmpadas acesas marcavam o curso das operações. A Luftwaffe tinha obtido um grande êxito naquela tarde. As lâmpadas vermelhas logo mostraram que os caças ingleses estavam acima e abaixo dela. Já não havia mais lâmpadas vermelhas para acender.

Churchill quebrou seu silêncio: "Que reservas temos?", perguntou. "Nenhuma", replicou o Vice-Marechal do Ar, Marshall.

As defesas tinham sido esticadas ao máximo. Os aviões, com os tanques vazios, tiveram de começar a voltar para se reabastecer. Se novos reides ocorressem, eles pegariam os pilotos ingleses em desvantagem. Felizmente a Luftwaffe também tinha sido plenamente perseguida. Os bombardeiros voavam de volta, salvo os 60 que pagaram seu preço.

Houve um alívio na sala de operações. Churchill tinha visto o ponto crítico da longa contenda. A Batalha da Grã-Bretanha, embora ele não soubesse naquele momento, havia sido ganha.

Goering, por sua vez, também estivera acompanhando a batalha aérea com avidez. Ele havia dito que a primeira fase tinha sido vencida e que a RAF estava suficientemente enfraquecida com os reides sobre Londres, o que a tornava incapaz de deter a invasão. Seu veredito fora prematuro a sua nova diretiva foi providencial para os defensores.

Quando as primeiras bombas caíram sobre Londres, o primeiro-ministro ordenou imediata represália. Na noite seguinte, 105 aviões levantaram vôo para Berlim. Naquela semana a capital alemã experimentou as primeiras reações às bombas, uma fraca ocorrência em comparação com a devastação que estava por vir; mas ela teve uma influência decisiva no curso da Batalha da Grã-Bretanha. Hitler também ordenou imediata represália e a destruição completa das cidades inglesas. Londres era o primeiro alvo. A ordem de Churchill para atacar Berlim tinha sido um recurso para desviar a Luftwaffe, no momento crítico, dos alvos vulneráveis que eram os aeroportos. Os londrinos tiveram de pagar o preço para o repouso que deu à RAF o tempo de se recuperar. A RAF, como Goering foi informado, podia estar lançando mão das últimas reservas dos Hurricanes e dos Spitfires, mas restava-lhe força suficiente para punir o vasto alvo de bombardeiros expostos à luz do dia na sua rota para Londres.

Enquanto isso, de ambos os lados do Canal, as forças opostas estavam prontas. Do outro lado, quatro mil navios da frota de invasão nazista acotovelavam-se nos portos que íam de Roterdã até o Havre. Von Rundstedt esperava pelo Grande Almirante; o Grande Almirante esperava por Goering. Hitler hesitava. O dia tinha sido marcado, mas foi adiado. A RAF devastava a frota de invasão, e, graças ao seu desempenho tão destrutivo no ar, os alemães não tiveram estômago para cruzar o Canal.

De volta a Londres o longo alerta continuava. Sentinelas nos penhascos e embaixo perscrutavam a noite. Os reconhecedores da Marinha, perambulando diligentemente com sua pequena força, estavam prontos para dar o sinal de alerta antes de serem varridos do mar. No Oeste a palavra-código explodiu: "Cronwell". Os sinos da igreja badalaram nos campanários. A visão de paraquedistas fantasmas, sentida por um vigilante, fê-lo soar o sinal de alarma. Os rumores completaram o que a imaginação começara. Corpos de soldados alemães estavam sendo arrastados para as praias do Canal. A Europa ouviu a história e sorriu com malícia ao pensar numa derrota nazista, embora, de fato, as tropas invasoras não tivessem começado a embarcar.

Os dias iam passando. As tempestades de outono estavam próximas e, com elas, o adiamento até a primavera. Churchill poderia, por alguns meses, riscar de seus cálculos a possibilidade de uma invasão iminente. Quando o tempo melhorasse ela teria de ser colocada novamente no calendário dos riscos, de forma a continuar sendo uma ameaça presente durante os próximos meses. Ameaça contra a qual era preciso estar sempre em guarda. Na Inglaterra ainda não se sabia que Hitler havia desistido da operação "Leão do Mar". Não era das que tinham a preferência de Hitler e ele, então, aceitou o fracasso da Luftwaffe no verão de 1940 como decisivo. Nunca mais houve barcaças para serem reunidas nos portos de invasão. A vitória que "Os Poucos" conquistaram no ar foi a derrota, nesta primeira fase, da invasão da Grã-Bretanha.

Churchill pôde notar que a nova equipe à frente da guerra tinha obtido êxito. Era composta de homens que se constituíam num eficiente instrumento para a condução das operações, ganhando assim confiança mútua e compreensão. Mas o imediato desenvolvimento da batalha deu pouca oportunidade para aplaudir os pontos ganhos. Sem uma pausa sequer a Batalha da Grã-Bretanha imergiu na longa provação da "blitz".

Para "Os Poucos", a glória da Batalha da Grã-Bretanha; para os muitos o crédito pela resistência na "blitz". Os civis estavam na linha de frente e eles a suportaram durante todo o negro inverno de bombardeios. Os londrinos proclamaram que poderiam enfrentá-los e eles cumpriram a palavra. Enfrentaram, sim, durante cinquenta e sete noites consecutivas e assim aconteceu também com outros, de alto a baixo do país, quando sua vez chegou.

Churchill participou de todos os riscos dos bombardeios. Era descuidado com o perigo, fonte de preocupações para seus ministros e sua família. Quando as bombas começavam a cair, ele insistia em dar uma olhada e não se podia convencê-lo a abrigar-se.

"Seus intrometidos", dizia, quando eles gritavam alarmados. "Vocês não podem ensinar novos truques a um velho cão."

Participava de todos os riscos com seus ministros e com os membros do Parlamento. Foram feitos planos para uma retirada do Whitehall, no caso de a coisa piorar muito. Os ministros iriam para Warwickshire e o Parlamento se reuniria em Stratford-on-Avon, a cidade de Shakespeare.

Todas as providências foram tomadas e emitiram-se passes cor-de-rosa. Alguns já achavam que era tempo de começar a mudança, mas Churchill discordava: não admitiria que um Hitler qualquer guiasse seus passos.

"É inconcebível que o Governo tenha que deixar a capital", disse ele. "Eu, pelo menos, não irei."

Assim, ficaram. O Parlamento instalado em Londres, no curso de toda a guerra, a despeito de tudo o que Hitler e seus bombardeiros pudessem fazer. Uma mudança, contudo, teve que ser feita.

A figura de Churchill, sempre metida numa roupa elegante, tornava-se familiar depois de um reide. Ele parava carrancudo no meio dos destroços das casas, pronunciando palavras de simpatia para os desabrigados.

Certa manhã estava examinando as ruínas da Casa dos Comuns. Uma bomba de gasolina incendiou o local e um violento explosivo completou a destruição. Enquanto contemplava o entulho que tinha sido berço da história e de seus próprios triunfos parlamentares, vieram as lágrimas. Não fez nenhuma tentativa para escondê-las, ficando ali, pranteando a Mãe dos Parlamentos. A Casa teria que encontrar uma acomodação alternativa, os pares colocando amavelmente a Suprema Câmara à sua disposição.

Downing Street sofreu seus danos. A cozinha do nº 10 ficou em pedaços depois de uma explosão, quando Churchill jantava numa sala adjacente. Por puro pressentimento ele havia ordenado que o pessoal da cozinha se pusesse em segurança apenas alguns minutos antes.

Se o ponto de vista de Churchill tivesse prevalecido, as estridentes sirenes que davam o alarma teriam que ficar em silêncio. "Videntes uivantes", era como ele as chamava, mas nem todos tinham a sua abençoada coragem sob o fogo. Os alarmas anti-aéreos tinham que continuar. Ele se preocupava cada vez mais com as interrupções das fábricas de armamento e a consequente queda de produção. Por sua recomendação foi estabelecido um sistema de vigilantes em fábricas, a fim de que informassem pessoalmente os perigos aéreos. Nos departamentos governamentais de Whitehall (a rua dos edifícios do Governo) o trabalho havia decrescido durante os reides diurnos, até que chegou a hora em que ele mandou pôr um controle maior na rotina da corrida aos abrigos. Os departamentos sob sua direção foram obrigados a repor as horas em que os funcionários ficavam nos abrigos anti-aéreos. Os abrigos de Whitehall, em consequência, se tornaram menos frequentados.

A "blitz" colocou seus próprios problemas, cada qual para ser recebido como um desafio e para ser enfrentado com improvisações do momento: bombas incendiárias, ameaça de fome, ameaça de falta de água em Londres. Nada era trivial demais para escapar da atenção de Churchill, nenhum problema era grande demais para deixar de ter uma solução. Levado por seus sentimentos para com o sofrimento dos desabrigados, ele tomou medidas para o início de um esquema nacional de seguro por danos causados por bombas.

Com o interesse de uma mente não-científica, ele seguia o curso da batalha dos laboratórios. Quando a RAF navegava guiada pelas estrelas, os pilotos nazistas voavam orientados pelos feixes de rádio. Churchill introduziu um membro da equipe de pesquisas no gabinete, para que fizesse uma exposição sobre o dispositivo pelo qual o feixe podia ser encurvado e, assim, desviar o curso dos bombardeiros, fazendo-os lançar as bombas nos espaços vazios do país. O desvio dos feixes de rádio podia dar pouco alívio a Londres, um alvo difícil de errar, mas contribuía para livrar algumas cidades da província onde se localizavam indústrias vitais.

De Midway a Guadalcanal

por Fletcher Pratt e Hartley E. Howe

Este capítulo, extraído do livro A História Compacta da Marinha dos E.U.A., *revela um período crucial da Segunda Guerra Mundial.*

HOUVE, DURANTE algum tempo, uma violenta disputa no alto-comando japonês travada entre o Estado-Maior Naval, que preferia a manutenção do perímetro do império marítimo extensivo somente para o sudeste, e o comando naval do almirante Yamamoto, que insistia que o Império jamais estaria seguro se a Armada dos Estados Unidos não fosse destruída. O passo específico que ele propunha era a ocupação da ilha de Midway. Ela ficava a um longo raio de distância de Hawai e, uma vez tomada, obrigaria os americanos a empenhar todos os navios que tivessem para recapturá-la. Esta controvérsia foi estabelecida de maneira tipicamente japonesa, isto é, com providências tomadas pelas duas correntes de opinião. O Estado-Maior Naval continuou com seus preparativos para um avanço para Nova Caledônia, Fiji e Samoa, a Sudeste, enquanto Yamamoto desenvolvia seus planos próprios. Um fator determinante foi o reide aéreo de Doolittle sobre Tóquio; ele foi sentido como sendo um desprestígio intolerável por todos os membros do Governo e, como não soubessem que os atacantes saíram de um porta-aviões, estavam certos de que a captura do posto avançado de Midway impediria que aquilo acontecesse novamente.

Os acontecimentos do Mar de Coral apenas reforçaram esta resolução. A opinião predominante em Tóquio era de que houve ali uma nítida vitória japonesa; os japoneses estavam certos de que os dois porta-aviões norte-americanos tinham sido afundados e houve amargas críticas contra o almirante que ordenara a retirada. O plano para o ataque e a ocupação de Midway já tinha sido traçado para junho e envolvia praticamente todas as forças de combate da marinha japonesa: onze couraçados, seus quatro maiores porta-aviões e cruzadores pesados, um grupo de invasão para seguir em transportes e um forte grupo diversionista de ataque para intervir nas Aleutas e ocupar suas ilhas externas. O plano de Yamamoto consistia em destruir as defesas locais de Midway através de ataques aéreos esmagadores partidos dos porta-aviões, para em seguida tomar a ilha. Quando a armada norte-americana viesse recuperá-la, ele desfecharia um ataque preliminar a partir dos porta-aviões e, em seguida, com os couraçados pesados, acabando com o assunto.

Era um plano baseado na presunção de que os americanos fariam aquilo que ele achava que fariam, bem como na ignorância do quanto Pearl Harbour sabia. Desde antes do Mar de Coral, os criptógrafos americanos já conseguiam ler as mensagens cifradas dos japoneses. No dia em que a armada de Yamamoto zarpou do Japão, o almirante Nimitz já estava informado sobre a exata composição de suas forças e o que elas pretendiam realizar. Um número suficiente de couraçados havia sido salvo em Pearl Harbour, capaz de formar uma linha de sete deles, bastante potentes, embora lentos. Eles haviam sido deslocados de San Francisco nos últimos dias de maio, como barcos de apoio no caso de uma irrupção japonesa, mas Nimitz na realidade não pretendia usá-los. Ele continuava baseando a defesa de Midway nas forças aéreas. Os aviões de terra do Exército e da Marinha afluíram à ilha e bombardeiros de longo alcance ficavam de prontidão em Hawai. O *Yorktown*, avariado, deslocou-se bem para o norte do Mar de Coral e um trabalho de reparação de noventa dias previsto pelos técnicos foi completado em apenas quarenta e oito horas de atividade febril, desempenhada por homens que haviam sido alertados de que se tratava de uma emergência desesperada. O *Enterprise* e o *Hornet* estavam prontos para a batalha. Uma vez que Halsey caíra doente, eles foram colocados sob o comando do almirante Raymond A. Spruance.

Foi uma das melhores escolhas que jamais fez Nimitz ou qualquer outro. Spruance não tinha experiência em guerra com porta-aviões, mas ele submeteu tudo a um processo de lógica fria e implacável, ficando conhecido na armada como "a máquina pensante". Yamamoto havia disposto uma escolta de submarinos de reconhecimento para detectar os movimentos americanos em Hawai. Antes da chegada dos submarinos Spruance havia previsto sua vinda, o que o fez dispor seus porta-aviões na área nordeste de Midway, o ponto menos provável para os mesmos serem encontrados pelos japoneses. Lá ele se encontrou com Fletcher, do *Yorktown*, que era oficial superior embarcado em função no comando tático. Fletcher, entretanto, carecia de um estado-maior aeronáutico, deixando, assim, uma boa parte do comando para o almirante subalterno.

Era esse o quadro de fundo. O grande assalto começou a 3 de junho, quando os aviões de dois porta-aviões leves japoneses vieram através da neblina e das nuvens que cobrem perpetuamente as Aleutas, para atacar as bases americanas de Dutch Harbor. Eles as encontraram muito mais bem equipadas do que tinham imaginado. Ao voltarem para seus porta-aviões, os aparelhos japoneses foram subitamente surpreendidos por aviões da Marinha, que não estavam ali para desempenhar qualquer função, já que pelas informações dos japoneses não havia nenhum campo de aviação nas vizinhanças. Atormentado e perplexo, o almirante japonês retirou-se para o oeste e deu ordens para ocupar as ilhas desabitadas de Kiska e Attu. Sua diversão não desviou da defesa americana um só navio ou avião.

O 4 de junho era uma quinta-feira, com ventos leves e nuvens pequenas sobre a força americana de porta-aviões, enquanto os japoneses estavam bem cobertos por uma frente de mau tempo. Nagumo, o almirante japonês dos porta-aviões, lançou logo seu ataque contra Midway: 108 aviões, com a tripulação do "deck" gritando "banzai", toda vez que um deles subia. Uma hora e meia depois seguiram mais 108. Os avisos do radar despacharam de volta para Pearl Harbour todos os aviões que estavam em Midway e mandaram uma formação composta de aviões de torpedo da Armada, um dos bombardeiros e vinte aviões da Marinha para o contra-ataque; caças no ar. Os bombardeiros japoneses incendiaram um tanque de combustível e um hangar e seus mais numerosos caças desfizeram-se da maioria dos aviões defensivos americanos; embora eles tivessem causado consideráveis danos à ilha o comandante de vôo irradiou mensagem para sua base dizendo que um outro ataque seria necessário. Os aviões de contra-ataques dos americanos foram inúteis; a maioria deles foi derrubada sem que tivesse produzido um só golpe certeiro nos navios japoneses. E o almirante Nagumo voltou para o Norte protegido pelas nuvens para reabastecer e rearmar seus aviões.

Naquele instante entrou em ação uma força cuja existência os japoneses ignoravam: Spruance e os porta-aviões americanos. O *Yorktown* tinha saído com missão de busca pela manhã e quando veio o aviso de que os porta-aviões japoneses tinham sido localizados, Fletcher deixou-se ficar atrás para receber seus aviões e mandou Spruance para frente com o *Hornet* e o *Enterprise.* Este último correu para 175 milhas da posição japonesa e lançou todo seu ataque — todos os aparelhos dos dois porta-aviões — na esperança de apanhar os aviões inimigos que haviam tomado parte no ataque a Midway, na hora em que eles se abasteciam nos "decks" do porta-avião. Uma hora e meia mais tarde o *Yorktown* também lançou seus aviões mas apenas num meio ataque. Os restantes dos seus aviões foram mantidos, enquanto os aviões de busca voavam à procura de outros porta-aviões que se supunha comporem as forças japonesas.

Cabia a Spruance uma das principais decisões do comando da guerra, mas por algum tempo pareceu que ela poderia malograr completamente. A volta que fez

Nagumo tinha colocado os porta-aviões japoneses bem longe das posições que haviam sido antes relatadas. Os aviões americanos tiveram que procurá-los. E nas barreiras formadas por massas densas de nuvens os caças, os bombardeiros e os aviões de torpedo se separaram uns dos outros. O resultado foi que os aviões de torpedo, voando baixo, perto das águas, alcançaram os japoneses antes de todos. Sem a cobertura dos caças, receberam a atenção concentrada da patrulha aérea de combate do inimigo, foram reduzidos a pedaços. Somente quatro deles voltaram para os porta-aviões; no esquadrão do Torpedo 8 do *Hornet* só sobrou um sobrevivente, Ensign George Gay, que flutuou numa bóia de borracha, colocando-se numa posição que lhe permitiu ver o mais tremendo espetáculo da guerra.

Pois os quatro porta-aviões japoneses foram forçados a tais manobras radicais pelos homens dos torpedos, que não puderam fazer sair aviões, que continuavam ainda nos "decks", abastecidos e armados, quando surgiram de dentro das nuvens os bombardeiros de mergulho do *Enterprise* e do *Yorktown*. Os caças japoneses estavam em nível baixo, lá onde haviam abatido os aviões de torpedo; os bombardeiros não encontraram oposição, exceto por parte do fogo anti-aéreo, quando mergulhavam sobre os tortuosos porta-aviões. A bordo do *Enterprise* podia-se ouvir no rádio as pragas rogadas pelo líder de esquadrão McClusy, quando as primeiras três bombas erraram o alvo. Então os golpes começaram: bombas de mil libras de peso. A bordo de três porta-aviões japoneses as chamas envolviam tudo; os tanques de gasolina dos aviões pousados ardiam, os torpedos e as bombas que eles carregavam explodiam com o calor, os "decks" dobravam-se como se fossem papelão, torrentes de chamas corriam pelos sistemas de combustível e Ensign Gay na sua bóia contemplava com não pouca satisfação a longa linha dos navios gigantes em chamas, estalando pelas explosões. Em cinco minutos a batalha estava decidida.

Mas ainda não acabara. Um porta-avião japonês, o *Hiryu*, se retirara para o Norte, separando-se dos outros e não fora atingido. A noite ele começou a lançar ataques aéreos contra o *Yorktown*, que se atrasara, ficando atrás dos outros porta-aviões e fora visto pelos aviões de busca japoneses. A força dos caças americanos caíra bastante; à custa de mais da metade de seus aviões, os japoneses atacaram o *Yorktown*, atingindo-o com três bombas, uma das quais danificou seriamente seus motores. Como conseqüência, quando duas horas mais tarde irrompeu um ataque de torpedo, os japoneses conseguiram dois golpes e o porta-aviões estava inclinado e desamparado quando um submarino japonês o afundou dois dias mais tarde.

Enquanto isso, o *Hiryu*, tinha sido localizado pelos aviões de busca americanos e um poderoso ataque aéreo foi desfechado contra ele, partido dos dois porta-aviões intactos. Seu esforço contra o *Yorktown* quase o deixou privado de aviões e ele recebeu o mesmo tratamento que os outros porta-aviões japoneses, com as bombas atingindo quase todo seu "deck" de vôo e deixando-o internamente completamente em chamas. Á aurora ele submergiu; e então o almirante Yamamoto diria que em lugar de apenas um porta-aviões americano, como ele julgara, havia três.

Ele fez mais uma tentativa. Durante a noite, quando os exaustos pilotos dos porta-aviões americanos tomavam café a bordo, comentando os acontecimentos do dia e a perda dos amigos desaparecidos, entrando depois nos beliches sem sequer tirarem a roupa, a frota japonesa surgiu do leste, tentando uma noite de ação superficial com as armas. Mas Spruance também se tinha voltado para Leste e pela manhã o almirante japonês compreendeu que ele não teria qualquer ação de artilharia e que, isto sim, receberia ao amanhecer mais ataques daqueles bombardeiros mortais, ao mesmo tempo em que sabia que os submarinos americanos estavam por ali. Voltou para o Japão, portanto, parado na ponte da sua capitânea, cismando, com seus olhos brilhantes, enquanto tomava mingau de arroz.

Morreram mais japoneses naquele dia do que o total de mortos dos dois lados em qualquer batalha naval da primeira guerra. E, como no Mar de Coral, não era tanto o total que contava, mas sim onde as perdas tombaram. Quatro dos seis porta-aviões japoneses que efetuaram o ataque contra Pearl Harbour desapareceram, praticamente com todos os seus grupos aéreos, aviões e pilotos — os melhores da Marinha do Japão — que deveriam treinar outros. Depois da Batalha de Midway, até Yamamoto sabia que ele tinha perdido a iniciativa.

O Escudo de Aquiles

É um extrato de The Glory That Was Greece , *de J. C. Stobard e E.J. Hopper. Nesta famosa passagem, os autores oferecem um rico quadro da vida na Grécia, baseados na "Ilíada" de Homero. O texto é prazeroso e contém certo número de palavras de pouco uso.*

A DESCRIÇÃO DO ESCUDO no 18.° livro da *Iliada* tem um duplo interesse. Tem um elo com a realidade contemporânea. Dá-nos um quadro de vida da Grécia antiga que deve ser natural e universal, uma vez que nem motivos dramáticos, nem religiosos interferem para distorcê-lo. O escritor descreve claramente um escudo redondo com zonas ornamentais concêntricas, tais como as encontradas nas taças fenícias de eras mais antigas. Os desenhos foram concebidos para serem incrustados em vários metais como ouro, estanho, prata e "kianos", ou vidro azul; de fato o poeta descreve em detalhes a técnica das maravilhosas adagas incrustadas de Micenas, embora tais armas tivessem cessado de ser feitas há centenas de anos. Aqui, os períodos se misturam outra vez. Mas é óbvio que um poeta idealizador ao descrever tais objetos de arte permite que sua imaginação exceda tudo o que ele já tenha visto ou ouvido. Por outro lado, o escudo foi lavrado pelo deus coxo Hefestus e os deuses não fazem armaduras que podem ser compradas em lojas.

Primeiro ele fez um escudo grande e forte, todo decorado; em volta dele moldou uma brilhante borda tríplice radiosa e dali saia um cinturão de prata. Saiam cinco pontas do escudo e neles ele fez muitos desenhos com arte e perícia.

Ele lavrou no escudo a terra, o mar e o céu, um sol incansável e uma lua crescente, e nele havia todos os sinais que coroam os céus, os Pleiades e os Hiades e a força de Orion, e a Ursa, que eles chamavam de a Carreta, a qual orbita no mesmo lugar e vigia Orion e que, sozinha, não toma parte nos banhos de Oceano.

E no escudo ele faz duas cidades de homens mortais, duas formosas cidades. Numa havia casamentos e festas. Eles levavam os noivos retirados de seus quartos, através da cidade, com archotes acesos e cantando alto canções de casamento. Os jovens dançavam num círculo e entre eles as flautas e as liras faziam música. As mulheres ficavam admirando, cada uma delas no seu pórtico. Mas os homens foram reunidos todos na praça do mercado. Lá, uma discussão irrompeu: dois pretendentes empenharam-se quanto ao preço de um homem assassinado. Um alegava que tinha pago integralmente e apelava para o povo; mas o outro recusava-se a ouvir. Assim, ambos insistiram em obter um julgamento perante um árbitro. As multidões de torcedores ficaram em volta de cada um para animá-los e lá estavam os arautos, mantendo ordem na multidão. O velho sentou-se sobre pedras polidas num círculo sagrado com aduelas de arautos barulhentas em suas mãos. Com elas eles se ergueriam para dar seu veredicto. Lá no meio estavam dois talentos de ouro para serem dados ao homem que pronunciasse a mais certa sentença de todas.

Mas em volta da outra cidade dois exércitos de radiantes guerreiros em cota de malha estavam formados. E havia uma divisão de opiniões entre eles: se se deveria destruí-las completamente ou dividir em duas partes todas as provisões contidas na adorável cidadela. Os sitiados ainda não se renderiam, mas estavam se armando em segredo para uma emboscada. Suas queridas esposas e seus filhos inocentes estavam sobre o muro para guardá-lo e em sua companhia estavam os homens de idade. Então os guerreiros começaram a marchar e lá estavam seus líderes Ares e Palas Atenas, ambos dourados de trajes de ouro, ambos belos e altos, armados como deuses, um par conspícuo, a despeito de que as hostes em torno deles fossem menores. Mas quando eles chegaram a um local onde haviam decidido armar a emboscada, num leito de rio em que havia um balneário para cada animal, eles lá se sentaram envolvidos no seu bronze brilhante. Então, um pouco à frente, duas sentinelas do exército foram postadas para avisar quando vissem carneiros e bois de cornos ondulados. E havia bestas andando, com dois pastores seguindo e que gozavam seus prazeres com flautas, pois eles não suspeitavam de ardis. Mas seus inimigos, que os vigiavam, saltaram sobre eles e imediatamente liquidaram com as cabeças de gado e belos carneiros brancos tosqueados e mataram os pastores também. Mas os sitiados, quando ouviram o rumor da batalha surgir entre o gado, de seus assentos diante das tribunas saltaram sobre altivos cavalos para saírem em perseguição, sorrateiramente se aproximaram. Tomando posição nas margens do rio, eles lutaram e se golpearam uns aos outros com lanças de pontas de bronze, e a Contenda misturou-se com eles e o barulho da batalha aumentou, e o Fado ruinoso estava lá, arrebatando um homem recém-ferido e outro sem ferimento e outro já morto e arrastou-os dali a pé no meio do barulho da batalha, e seu manto caído sobre os ombros estava salpicado com o sangue dos homens. Eles se confundiam com homens vivos e lutaram e arrastaram os corpos de seus camaradas mortos.

Ele também formou um alqueive macio, uma abundante terra arável, um amplo campo de três sulcos. Muitos aradores guiaram suas parelhas para lá e para cá no alqueive. E sempre que eles chegavam à margem do campo no final de seu turno, um homem ia ao seu encontro com um cálice de vinho doce como o mel nas suas mãos e o ofertava. Assim eles rodaram entre os sulcos, ansiosos por alcançar as margens do profundo alqueive, que surgia escuro diante deles e, ainda que de ouro fosse, parecia que tinha sido lavrado, tão surpreendente era sua arte.

Lá ele também pôs um principesco domínio, no qual trabalhadores contratados ceifavam, com afiadas foices nas mãos, maços de trigo caindo densos e rápidos no solo ao longo dos sulcos, enquanto os amarradores faziam outros atados. Lá estavam os três amarradores, bem perto, e atrás corriam os jovens catadores carregando braçadas de milho e trabalhando com atenção. Um rei com seu cetro estava parado em silêncio entre eles sobre o sulco, o júbilo no coração. Um pouco além estavam os arautos preparando uma festa sob um carvalho. Haviam sacrificado um grande boi e ocupavam-se com ele, enquanto as mulheres polvilhavam farinha de cevada branca em quantidade para a ceia dos ceifadores.

Nele ele também lavrou um vinhedo carregado com uvas, lindamente trabalhado em ouro. Acima estavam os cachos negros e o vinhedo era todo suportado por estacas de prata; em volta ele circundou uma vala de "Kyanos" e uma parede de lata; um único passadiço levava a ela, por meio do qual os colhedores passavam quando se reuniam durante a vindima. Moças e rapazes carregavam as frutas doces como mel em cestas e, no centro, um rapaz tocava uma adorável melodia, numa lira bem afinada, cantando também com sua voz deleitável a canção de Linus, enquanto o resto empregava o tempo batendo com os pés, pulando, cantando e gritando.

Nele ele fez um rebanho de bois de chifres retos. As vacas eram enfeitadas de ouro e lata; passavam mugindo dos montes de esterco para a pastagem através de um rio pantanoso e de um leito de junco. Quatro rebanhos em ouro marchavam e nove cães de pernas velozes os seguiam. Mas entre os gados dois aterradores leões mantinham seguro um touro de voz profunda. Ele estava sendo arrastado berrando alto, mas os cães e os campônios iam atrás dele. Os dois leões tinham dilacerado a pele do grande touro e devoravam avidamente as entranhas e o sangue escuro, enquanto os rebanhos de vacas seguiam, estimulando em vão os cães velozes. Mas eles, deveras, em lugar de morderem os leões, recuavam; preferiam correr até perto deles latindo e depois voltavam.

Nele o famoso Coxo fez um curral de ovelhas num lindo vale, um grande redil de ovelhas brancas, e choupanas e cabanas com telhados e apriscos.

Nele o famoso Coxo talhou uma pista de dança como aquela que Dédalo de antanho lavrou no vasto Cnossus para Ariadne de tranças adoráveis. Ali moços e donzelas dançavam suntuosamente a cortejar, segurando-se pela cintura. As moças tinham lindos véus de linho e os rapazes trajavam túnicas bem tecidas desmaiadas com o lustro de óleos. As moças tinham grinaldas belas nas cabeças e os homens traziam espadas de ouro penduradas em boldriés de prata. Às vezes eles tropeçavam nelas levemente, movendo os pés com destreza, como quando um oleiro se senta e tenta a roda que ajusta entre seus dedos para ver se ela poderá correr. Mas às vezes eles avançavam em linha um para o outro e uma grande companhia parava divertida em volta dos adoráveis dançarinos e entre eles um bardo sagrado cantava em sua lira e entre os dançarinos dois acrobatas davam o ritmo rodopiando no meio.

E nele ele pôs a grande força do grande Rio Oceano ao longo da extremidade da margem do escudo ricamente lavrado.

Então, quando ele moldou um grande e forte escudo ele também moldou um peitoral mais brilhante do que o raio do fogo e ele moldou um elmo forte ajustado às têmporas, ricamente escavado e nele ele pôs um penacho e fez grevas de bronze flexível.

Acho que o leitor será capaz de perceber de relance o quadro, mesmo que a prosa esteja mal traduzida. Estamos agora na Europa, com certeza. Poderia ser em Dorsetshire ou na Baviera, ou em Auvergne ou na Toscana que essas mulheres viessem às suas portas para contemplar os casamentos passarem, que esses honestos aradores escoassem suas canecas e que esses fatigados ceifadores olhassem para a ceia da colheita. Para esse dia, você pode ver os camponeses da Grécia dançando em roda e em fila, com ágeis acrobatas conduzindo-os, exatamente como se eles estivessem dançando no escudo de Aquiles. A história segue seu caminho pomposo, deixando inalterados os camponeses e imutáveis os padrões da vida campestre.

A Guerra Secreta do OSS

por Maria Wilhelm

The Fighting Irishman: The Story of "Wild Bill" Donovan, *livro de Maria Wilhelm, do qual o trecho a seguir foi extraído, é um bom exemplo de texto legível e popular.*

UMA DAS PRIMEIRAS e mais bem sucedidas façanhas da qual "Wild Bill" Donovan particularmente se orgulhava, foi a da famosa invasão da África do Norte pelos "doze apóstolos". Logo depois que o COI foi instalado em 1941, uma dúzia de caixeiros viajantes estrangeiros apareceu na África do Norte para vender seus artigos mas, sob suas roupas indescritivelmente amarrotadas de comerciantes, se escondiam homens como o famoso antropólogo de Harvard, Carleton Coon e o presidente do Hobart College, William Eddy. Quando esses negociantes improváveis começaram seus trabalhos, em lugar de assumirem seus novos papéis, passaram a organizar um formidável "dossier" de informações sobre o local e sobre a situação política, tanto no que dizia respeito aos franceses quanto aos africanos.

Eles também recrutaram e treinaram agentes locais disponíveis e com tais resultados que, quando as forças do general Eisenhower desembarcaram em 1942, sinais de luz lhes mostravam o caminho, as armas inimigas nas praias foram prontamente sabotadas e o exército invasor foi plenamente suprido, com antecipação, de um quadro completo sobre as intalações alemãs nas vizinhanças. As forças invasoras foram também apoiadas pela cooperação de oficiais franceses que estavam trabalhando ostensivamente para o governo de Vichy. Falando do OSS no teatro euro-africano (na linha de frente o OSS era sempre assunto do teatro de comando), Eisenhower declarou: "Em nenhuma outra guerra e em nenhum outro campo desta guerra as forças de resistência estiveram tão atreladas ao esforço militar principal."

As histórias de bravura individual não têm fim e elas tanto nos falam sobre um professor como sobre uma espiã de uma perna só, que desceu de pára-quedas por trás das linhas inimigas ou como sobre um garçom do Yale Club de Nova York, cuja coragem e habilidade em línguas levou-o para bem longe daquele porto seguro.

Houve aquele agente solitário na China Central que localizou uma força da cavalaria japonesa, composta de dez mil homens e durante oito longas horas virou a manivela do gerador de força manual, um transmissor de 31 libras de peso, tentando alcançar a 14ª Força Aérea em Chunking. Finalmente a mensagem foi recebida e um grande bombardeio varreu cerca de 9 mil homens da tropa de cavalaria.

Um agente na França estava viajando de Paris para Bordeaux e sua única bagagem era uma pequena mala contendo seu transmissor de ondas curtas, a ferramenta indispensável de um espião. Enquanto esperava pelo trem, ia ficando nervoso porque a estação estava quase vazia, mas, quando o trem apareceu, ele pulou e instalou-se num compartimento vago. De repente ouviu barulho que vinha de fora, misturado com ordens em alemão. A porta do compartimento abriu-se subitamente e, para seu completo horror, apareceu a figura familiar do Marechal-de-campo Rommel, a famosa "Raposa do Deserto" da campanha africana.

O agente desculpou-se prontamente por ser tão presunçoso a ponto de estar no mesmo trem que o Marechal e maldisse severamente o idiota agente do trem que não lhe avisara que o mesmo havia sido reservado para o exército alemão. Embaraçado e fazendo mesuras, dirigiu-se para a porta. Mas Rommel, naquele dia, devia estar de muito bom humor e, observando que afinal de contas os civis também tinham que viajar, ele fez o infeliz agente voltar à sua poltrona.

Com medo de desobedecer, o espião sentou-se humildemente e soltou um suspiro de alívio quando o marechal e seu ajudante saíram. Alguns instantes depois, entretanto, o ajudante voltou. O agente estava certo de estar em apuros, mas de algum modo levantou o olhar casualmente, então, o ajudante falou.O Marechal gostaria de ter o cavalheiro como companhia para uma taça de chá! O chá foi duro de tomar e provavelmente foi a taça de chá menos relaxante da história!

Outro agente conseguiu realmente ser aceito como membro das tropas de assalto de Hitler e basta desenvolver a imaginação ao máximo para adivinhar o que deva ter sido sua existência. Outro ainda, um alemão antinazista, era funcionário de confiança num grande banco em Berlim. Ele tinha conseguido esconder suas convicções políticas e mesmo antes da entrada dos Estados Unidos na guerra tinha entrado em contato com os agentes do COI para dizer que queria trabalhar com eles. O homem demonstrou ser inestimável pois treinou dois homens no Banco de França e os três foram capazes, durante muito tempo, de fornecer ao OSS dinheiro autêntico, coisa que é parte indispensável do equipamento de um agente. Ser apanhado com dinheiro que não fosse válido era uma das piores desvantagens e os alemães freqüentemente recolhiam várias emissões, de forma que podiam detectar um agente que usasse dinheiro fora de circulação.

Do outro lado do mundo veio a história de dois padres católicos, MacAlindon e Stuart. Tinham sido missionários numa remota tribo de Burma, os Kachins. Quando os japoneses invadiram Burma em 1942, os padres foram evacuados para a Índia. Apresentaram-se, então, como voluntários, para retornar para a selva burmanesa, com uma equipe da OSS, a fim de estabelecerem contato com os Kachins, que detestavam estrangeiros em geral e odiavam particularmente os japoneses.

O padre Stuart falava Kachin, embora com sotaque irlandês e eles amavam essa figura admirável com um chapéu de estilo australiano e um revólver 45 no cinturão. O bom padre era muito parecido com o general, pela maneira calma e absolutamente destemerosa com que enfrentava as situações.

Conta-se que ele perdeu a calma uma só vez, quando um Kachin não pôde resistir e roubou sua dentadura postiça, que era branca e bonita. O padre Stuart então rezou: "Oh, Senhor, bem sei que Vós dissestes que não devemos tirar a vida do ser humano; mas não podereis, por favor, reclassificar esse?"

Os dois padres trabalharam incansavelmente como intérpretes junto à tribo Kachin, quer da língua, quer dos costumes e, assim, serviram de intermediários de elucidação entre aqueles e os ocidentais. Os perigos eram grandes porque estavam cercados pelos japoneses, mas os Kachins eram maravilhosamente cooperativos. Eles tinham excepcional aptidão mecânica e já nasciam guerreiros. Tão logo era prevista uma batalha, as mulheres preparavam, alegremente, um cozido de carne de macaco e de alce, como preparativos para a festa da vitória. Eles persuadiram os pobres homens do OSS a comerem cupim e uma de suas comidas prediletas, que era um cozido de abelhas brancas com várias espécies de ervas e vegetais do mato.

Eles também ensinaram duas ou três coisas sobre guerrilhas, inclusive o uso de lascas de bambu pontudas, que eles dispunham no solo e que penetravam nos pés dos japoneses inadvertidos. (Esta arma apareceu no Vietnã e para acabar com ela o exército dos Estados Unidos desenvolveu uma nova espécie de sapatos com sola de aço).

Além de molestar os japoneses e de causar muitos danos em suas instalações, essa equipe de Kachins a serviço do OSS salvou centenas de aviadores aliados caídos na selva. Eram tão eficientes que atribuiu-se a eles a morte de cinco mil japoneses, contra quinze americanos e setenta kachins.

Estas são apenas algumas das centenas de proezas realizadas pelos homens e mulheres de Donovan. Não se pense que o general era desses que dirigia seu "show" de uma escrivaninha segura, em Washington. Era raro haver um desembarque aliado sem que Bill estivesse no barco da frente e em Washington contava-se, como piada, que se o carro de Bill ficasse estacionado o dia todo na sua casa em Georgetown, podia-se apostar que logo haveria uma nova ofensiva.

Maomé e o Islam

por Francesco Gabrieli

Este trecho de *Os Arabes: Uma História Compacta,* de Francesco Gabrieli, oferece um breve perfil do grande líder religioso. Para os amantes da palavra, há um jogo de vocábulos no final.

A ÚNICA FONTE segura sobre a vida de Maomé é o próprio Corão, seguido imediatamente pela biografia canônica (Sira), tal como foi formada nos primórdios do segundo século do Islam. Ela assenta sua expressão clássica na *Vida do Profeta* de Ibn Ishaq (morto por volta de 767), que chegou até nós numa espécie de edição reduzida e anotada por Ibn Hisham (morto em 834), e em excertos de cronistas mais velhos, como Tabari (morto em 923). Outras fontes importantes são "O Livro das Expedições Militares" (Maghazi), do Profeta, escrito por al-Waquidi (morto em 822) e a grande coleção biográfica sobre seus companheiros (Tabaquàt-as-sahaba), de Ibn Saad (morto em 890). Nos tempos modernos, a crítica radical tendeu, talvez com exagero, a invalidar o valor histórico de todas essas fontes, julgando-as como combinações e deformações *hagiográficas.* Um exame crítico mais temperado deve sempre fazer uso delas com cuidado e reconhecer, especialmente quanto aos mais remotos períodos da vida de Maomé, que sabemos muito pouco além daquilo que foi extraído diretamente do Corão.

Rigorosamente falando, não sabemos a data do nascimento do Profeta: o *sincronismo* com o "Ano do Elefante", isto é, 570, pode ser tomado como aproximado; todavia, alguns estudiosos procuraram reduzir em uma década essa data. Há dúvidas, que consideramos erradas, em relação ao próprio nome Maomé (que *etimologicamente* significa "o mais louvado"), um nome que não era desconhecido na era pré-muçulmana. O que é certo é sua origem no clã Quraysh do Banu Hashim. Maomé foi o filho póstumo do mercador Abdallah, muito estimado mas não rico, que morreu durante uma jornada, longe de sua terra natal, e de Aminah, que deixou a criança orfã quando tinha somente seis anos. O menino cresceu primeiro sob os cuidados de seu avô paterno Abd al-Múttalib. Mais tarde foi confiado a um tio, Abu Talib, pai do Ali que seria um de seus mais fiéis companheiros, depois seu genro e, finalmente, seu quarto sucessor Caliph. O que é certo, a respeito dos fatos sobre a juventude de Maomé anterior à sua vocação, que se efetivou entre seus 30 e 40 anos de idade, é seu casamento com a viúva rica Khadija, para quem ele também viajou e comerciou, e é certo também seu contato com elementos cristãos do deserto e, talvez, da Síria, assim como com os Hanifs. Estes fatos têm sido embelezados por tradição, mas contêm uma essência histórica de caráter altamente provável. Todos os vários elementos da vida religiosa da Arábia, como salientamos acima — o paganismo urbano e beduíno, a cristandade e, inicialmente, o judaísmo em grau menor, vagas concepções e aspirações *monoteísticas* — encontraram aceitação, elaboração e uma reação no espírito receptivo deste homem. Sabemos pouco quanto a suas crises, irrompidas por volta de 610, entre as visões e as "vozes", ocorridas no seu retiro sagrado no Monte Hirá.

Dos dois tipos de inspiração que a tradição nos legou, a visual e a oral, é muito difícil determinar qual delas teria sido a primeira e que prevaleceu na fase inicial. Mais tarde ele citou o Anjo Gabriel como a criatura celestial que lhe apareceu e que, com força irresistível, impôs a afirmação monoteística, contida nos *versículos* mais antigos do Corão; a mesma criatura foi considerada como o instrumento normal para a transmissão de novas revelações. Os conceitos fundamentais dessa afirmação monoteística, na sua primeira fase, foram o repúdio do *politeísmo* nativo, para que se exaltasse o único Alá acima e contra qualquer outra divindade (algumas tentativas casuais para um compromisso foram imediatamente retiradas e superadas), o iminente julgamento com a inevitável retribuição do mal e do bem, louvar Deus, o Criador e Suas maravilhas e a certeza da ressurreição depois da morte. Todos os antigos *suras* do Corão tocavam nestes temas repetidas vezes e eles refletiam em uníssono e sempre as nascentes *polêmicas* e a luta que mantinham em um *ambiente* hostil. De fato, a nova pregação ofendia as tradições e a devoção nativas, sentidas ao menos em alguns círculos da Meca. Ao mesmo tempo, isso preocupava o racionalismo elementar que considerava repugnante o conceito da vida depois da morte, assim como os interesses econômicos e materiais daquela *oligarquia* mercantilista, evidentemente conservadora. A noção de que a mensagem de Maomé era fundamentalmente social, quanto a seu conteúdo e objetivo, é uma fantasia da *historiografia positivista* e marxista e de seus praticantes *obstinados*. A verdade, entretanto, é que a nova concepção teológica e *escatológica,* como o Cristianismo primitivo, alimentava-se dos descontentes com a injustiça que abunda na terra e graças às suas esperanças supramundanas ela atraía para si mesma, de preferência, aqueles que sofriam mais com essa injustiça. Os primeiros seguidores de Maomé foram recrutados sobretudo entre os humildes, os artesãos inferiores e os mercadores, os consumidores, os escravos, não sem a cooperação daquela que chamaremos de classe média da Meca. Mas da classe dirigente, da aristocracia Quarysh, veio uma oposição resoluta e gradualmente rígida. Então e depois o Profeta, para ter certeza, tentou ganhar esta última para a sua causa, com abordagens que dificilmente tinham algo a ver com um reformador social *intransigente,* mas somente a clara indicação de seu triunfo, que ocorreria bem mais tarde, foi bem sucedida no desarmamento da resistência que a aristocracia opunha. Naqueles primeiros anos a resistência foi obstinada, embora sem derramamento de sangue, consistindo essencialmente em vexames, em repúdios e ridicularizações, o que em dado momento culminou com uma tentativa de colocar o inovador e sua pequena comunidade no ostracismo. O boicote foi quebrado com a intervenção de membros autorizados do seu próprio clã no seio do qual, embora constituído de pagãos, a lei da solidariedade de sangue ainda falava alto: mas a situação em Meca, em dado momento, parecia tão insustentável que induziu parte da pequena comunidade a migrar para além do Rio Vermelho, para a Etiópia. O discurso mais ou menos autêntico que a tradição coloca na boca desses refugiados, feito na presença do Negus, resume habilmente, embora com algum exagero polêmico, a importância da mais antiga pregação de Maomé: "Oh, rei, nós somos um povo bárbaro de idólatras que cometeu más ações vergonhosas, que desdenhou os laços de sangue, violou as obrigações de hospitalidade: um povo no seio do qual os mais fortes devoravam os mais fracos. Assim éramos nós até que Deus nos mandou um apóstolo muito querido, cuja decência, veracidade e continência eram conhecidas por nós: e ele nos levou até Deus, para reconhecê-lo e adorá-lo, repudiando as pedras e os ídolos que nós e nossos ancestrais adorávamos em seu lugar. Ele nos ordenou que fôssemos verdadeiros, que retribuíssemos lealmente a confiança em nós depositada, que respeitássemos os laços de sangue e de proteção hospitaleira, que nos abstivéssemos de atos ilícitos e de derramamento de sangue; ele nos proibiu a indulgência para com a *torpeza* e a fraude, de consumir os bens do órfão e de caluniar as mulheres honestas; ele nos ordenou adorar Deus e nada colocar acima d'Ele, a observar orações canônicas e a legítima dádiva, o jejum. Nós acreditamos nele, nós o seguimos nos preceitos que ele nos trouxe de Deus; por isso nosso povo nos hostilizou e *nos tem* perseguido..."

Em comparação com muitos outros métodos de perseguição, sofridos e depois até praticados por uma nova fé em marcha, aqueles empregados pelos Quaraysh contra o jovem Islam podem parecer bastante suaves: isto não elimina o fato de que o Profeta certamente viveu muitas horas amargas e deprimidas durante aquela vigília. Ela se arrastou por cerca de uma década e terminou, como se sabe, com o ato decisivo de sua carreira; ele abandonou a cidade onde nasceu, com todos os seus seguidores, para se estabelecer, assim como sua comunidade, em Medina. Esta "hegira" de setembro de 622 marca o começo de uma nova era não somente no calendário muçulmano, como na história pessoal de Maomé, da Arábia e do Islam.

Um Jogo de Vocabulário

Encontre na segunda coluna o significado das palavras que aparecem à esquerda, numeradas.

1. hagiográfico	a. acima das coisas terrestres.
2. sincronismo	b. pertinente à morte, ressurreição e imortalidade.
3. etimológico	c. endurecido contra a moral ou influência suavizantes.
4. monoteísta	d. pertinente às escrituras sagradas.
5. politeísmo	e. ocorrência, ao mesmo tempo, de dois ou mais acontecimentos.
6. versículos	f. circundante.
7. polêmico	g. pertinente à teoria de que os fenômenos naturais são os únicos a serem reconhecidos.
8. ambience	h. recusa a compromissos.

9. oligarquia	i. a escrita da história.
10. positivista	j. governo de poucos.
11. historiografia	k. versos curtos ditos por um sacerdote, seguidos de respostas por parte do público.
12. obstinado	l. pertinente à doutrina ou crença de que só há um Deus.
13. escatológico	m. pertinente à origem de derivados da palavra.
14. supermundano	n. doutrina ou crença em muitos deuses.
15. intransigente	o. inerente a baixos princípios.
16. torpeza	p. arte ou prática de discussão ou controvérsia.

1.d	5.n	9.j	13.b
2.e	6.k	10.g	14.a
3.m	7.p	11.i	15.h
4.l	8.f	12.c	16.o

A Terra Vista do Espaço

por John Glenn

A Era Espacial — como a Era das Descobertas — leva o homem a novos desafios, perigos e oportunidades. Um dos pioneiros espaciais da América relata suas observações neste trecho de As Maiores Aventuras Verdadeiras, *selecionadas por Lowell Thomas e Lowell Thomas Jr.*

AUSÊNCIA DE PESO foi uma experiência fascinante. Informei que me sentia bem logo que a nave espacial se separou do veículo lançador e, no curso do vôo, esta sensação continuou sendo a mesma.

Aproximadamente a cada 30 minutos durante o vôo eu fazia uma série de exercícios para determinar se a ausência de peso me afetava de alguma maneira. Para ver se movimentos com a cabeça, num ambiente de zero grau, produzia algum sintoma de náusea ou tontura, eu primeiro tentei mexer e depois sacudir a cabeça para ambos os lados, para cima e para baixo e inclinar de ombro para ombro. Em outras palavras, mover minha cabeça em giro, em arremesso e em guinadas. Comecei devagar, mas à medida que o vôo progredia eu movia minha cabeça mais rápida e vigorosamente até que, no final do vôo, eu a mexia tão rapidamente quanto me permitia minha pressão.

Num outro teste, usando apenas o movimento dos olhos, eu acompanhava um feixe de luz gerado por meus faroletes de ponta de dedos. Não tive problemas e mais uma vez não senti sensações de vertigem ou náusea. Uma pequena tabela estava incluída no painel de instrumentos, com letras de vários tamanhos e com uma "roda raiada", destinada a checar tanto a visão geral como qualquer tendência ao astigmatismo. Nada de anormal apareceu.

Um "teste oculogírico" foi feito, no qual os coeficientes de rotação da nave eram relacionados com as sensações e o movimento dos olhos. Os resultados foram normais. Tinham sido feitas experiências prévias com este teste e foi feita uma calibragem na Escola Naval de Medicina de Aviação, em Pensacola, Flórida, com o dr. Ashton Graybiel, de forma que eu já estava familiarizado com minhas reações a estes mesmos movimentos a 1 grau.

Para obter dados médicos do sistema cardiovascular, a intervalos, eu fazia exercícios que consistiam em puxar uma corda uma vez por segundo, durante 30 segundos. Este exercício dava um determinado ritmo operacional para ser comparado com testes anteriores, feitos em terra. Os médicos de aviação haviam registrado o efeito que isto causava em meu pulso e pressão sanguínea. O efeito disso, durante o meu vôo, foi o mesmo registrado no solo: cansou-me.

Outra experiência relacionada com os possíveis efeitos médicos causados pela falta de peso consistia em comer em órbita. No relativamente curto vôo do Friendship 7, comer não era uma necessidade mas sim uma tentativa de determinar se haveria algum problema em consumir e fazer a digestão em estado de ausência de peso. Em nenhum momento tive qualquer dificuldade para comer. Acho que qualquer tipo de alimento pode ser comido, desde que não se quebre com facilidade e não faça migalhas. Antes do vôo brincávamos com a idéia de levarmos alimentos normais, como um sanduíche de presunto, por exemplo. Creio que isto seria prático e deveria ser tentado.

Ficar sentado na nave espacial a zero grau é mais agradável do que a 1 grau na Terra, uma vez que você não fica sujeito a quaisquer pontos de pressão. Eu percebi que me adaptava muito rapidamente à ausência de peso. Eu não tive tendência a ultrapassar nem sentir qualquer sinal de falta de coordenação, mesmo nos primeiros momentos depois da separação. Surpreendi-me tomando vantagem, inconscientemente, das condições de ausência de peso, como quando eu queria deixar uma câmara ou qualquer outro objeto flutuando no espaço, enquanto eu cumpria outros afazeres. Isto não era feito como uma manobra planejada antecipadamente, mas como uma coisa improvisada no momento, quando um outro sistema requeria minha atenção. Pensei, depois, sobre como eu tinha feito estas coisas com tal naturalidade como se eu tivesse posto a câmara numa mesa, em um ambiente de 1 grau. Isto ilustra bem como o ser humano se adapta rapidamente, mesmo a algo tão estranho como a falta de peso.

Nesse vôo descobrimos que alguns problemas estão ainda para serem resolvidos, exatamente para determinar como acomodar e segurar os equipamentos que são usados num veículo espacial. Eu levava alguns instrumentos, tais como câmaras fotográficas, binóculos e um fotômetro, com os quais deveria fazer observações da nave espacial. Todos estes instrumentos estavam arrumados numa maleta especial ao lado de meu braço direito. Cada peça desse equipamento tinha uma linha de 3 pés atada nela. Quando eu comecei a usar as peças do equipamento, estas linhas se enredavam. Embora essas linhas funcionassem, era ainda importante ter um meio de segurar o equipamento conforme descobri quando tentei mudar o filme. A pequena caixa de filme não estava ligada à maleta por uma linha. Deixei uma flutuando, enquanto trabalhava com a câmara e, quando procurei a caixinha de filme, bati acidentalmente nela e ela me saiu fora da visão, indo parar atrás do painel de instrumentos.

Quando olhei para a Terra, do espaço, a intensidade das cores e das luzes era a mesma daquela que eu tinha observado quando voava a elevada altitude, num avião. As cores observadas lá de cima, olhando para a Terra, pareciam semelhantes às vistas de 50.000 pés. Contudo, quando se olha para o horizonte, a visão é completamente diferente, porque então a escuridão do espaço contrasta fortemente com o brilho da Terra. O próprio horizonte é um brilhante, um brilhante azul e branco.

Foi surpreendente ver como grande parte da superfície da Terra estava coberta de nuvens. As nuvens podem ser vistas claramente do lado em que é dia. Os diversos tipos de nuvens — desenvolvimento em vertical, nuvens de estrato e cumulus — são prontamente distinguidas. É fácil identificá-las ou ver o estado do tempo. Você pode calcular a altura relativa das nuvens pelo conhecimento que tem dos tipos ou pela sombra que as nuvens altas projetam nas mais baixas. Estas observações são representativas das informações que os cientistas do Serviço Meteorológico do Laboratório Satélite dos Estados Unidos pediram que o Projeto Mercury determinasse. Eles estão interessados em melhorar o equipamento ótico em seus satélites Tiros e Nimbus e gostariam de saber se eles podem determinar a altitude das camadas de nuvens com precisão ótica melhor. De meu vôo eu diria que é possível determinar a altura das nuvens desta altitude orbital.

Somente algumas áreas de terra eram visíveis durante o vôo por causa da cobertura das nuvens. Havia muitas nuvens sobre o Atlântico, mas a parte oeste (deserto do Saara) da África estava clara. Nesta região deserta eu pude ver claramente tempestades de areia. Na ocasião em que eu chegava à costa leste da África, onde poderia ver as cidades, a Terra estava coberta de nuvens. A mesma coisa aconteceria com o Oceano Índico.

O oeste da Austrália estava claro, mas a metade leste estava coberta. A maior parte da área mexicana (e perto de New Orleans) estava coberta com nuvens cirrus altas. Quando cruzei os Estados Unidos pude ver Nova Orleans, Charleston e Savannah bem nitidamente. Também pude ver rios e lagos. Creio que a melhor vista que tive de qualquer área durante o vôo foi a clara região deserta de El Paso, na segunda passagem sobre os Estados Unidos. Pude ver as cores do deserto e a área norte irrigada de El Paso. Quando passei ao longo pela costa leste dos Estados Unidos, pude ver a Flórida e bem atrás a Costa do Golfo.

Sobre o Atlântico eu vi o que percebi ser a corrente do Golfo. As cores diferentes da água eram bem visíveis.

Observei também o que provavelmente era a esteira de um navio. Quando eu passei de volta sobre a área já no final da segunda órbita, olhei para baixo, na água, e vi um pequeno "V". Chequei o mapa. Eu estava passando novamente sobre a área G naquele momento, de forma que achei provável que fosse a esteira de um navio que já passara. Quando olhei novamente, o pequeno "V" estava sob uma nuvem. A mudança nos reflexos de luz causados pela esteira de um navio às vezes é visível a longas distâncias de um avião e se alonga por milhas atrás do navio. Era esta esteira o que, provavelmente, era visível.

Creio, contudo, que a maioria das pessoas tem uma concepção errônea, segundo a qual podem ser vistos pequenos detalhes de uma altitude orbital. No limpo deserto aéreo é comum ver uma cadeia de montanhas a 100 ou mais milhas de distância e toda essa visão é feita através da atmosfera. Da altitude orbital a atenuação da luz atmosférica é de apenas cerca de 100.000 pés da atmosfera, de modo que é até mais limpa. Uma experiência interessante nos vôos futuros poderá ser a de determinar a visibilidade dos objetos de tamanhos, cores e formas diferentes.

Obviamente, do lado noite da Terra, as coisas são muito menos visíveis. Isto talvez seja devido não somente à luz reduzida, mas também ao fato de que eu nunca ficava completamente adaptado à escuridão. À luz brilhante da lua cheia, as nuvens eram visíveis. À noite eu podia ver o desenvolvimento vertical. A maior parte das áreas nubladas, contudo, pareciam ser estratoformas.

As luzes da cidade de Perth, na Austrália ocidental, estavam acesas e eu podia vê-las bem. A visão era semelhante à que é vista quando se voa a elevada altitude durante a noite, sobre uma pequena cidade. Ao sul de

Perth havia um pequeno grupo de luzes, mas elas eram menos brilhantes em intensidade. No interior havia uma série de quatro ou cinco cidades dispostas numa linha que ia do Leste para o Oeste. Sabendo que Perth ficava na costa, eu mal fui capaz de ver a linha da costa da Austrália. As nuvens cobriam a área da Austrália oriental em torno de Woomera e eu nada vi além de nuvens de lá até o Pacífico, até chegar a leste do Hawai. Lá, nuvens quase sólidas cobriam todo o caminho.

Bem ao longo da costa leste da África havia duas grandes áreas tempestuosas. Os cientistas do Centro Meteorológico duvidavam que fosse possível ver relâmpagos do lado coberto pela noite, mas acontece que foi possível. Uma grande tempestade era visível bem ao norte de minha posição, sobre o Oceano Índico, e uma menor ao Sul. Era possível ver os relâmpagos atrás e na frente entre as nuvens, mas os mais destacados eram os clarões dos relâmpagos dentro das massas de cúmulus, iluminando-as como se fossem lâmpadas.

Algumas das vistas mais espetaculares, durante o vôo, eram os crepúsculos. Estes sempre ocorriam vagarosamente à minha esquerda e eu girava a nave para ter uma visão melhor. Ver o sol chegando à janela era muito brilhante, com uma luz branca, clara e intensa, que me fazia lembrar as luzes de arco voltaico quando a nave estava na plataforma de lançamento.

Eu observei o primeiro crepúsculo através do fotômetro, que tinha um filtro polarizador na frente, de forma que a intensidade do sol podia ser reduzida a um nível confortável para a visão. Mais tarde descobri que com os olhos semicerrados eu podia olhar diretamente para o sol, sem efeitos danosos, exatamente como posso fazê-lo da superfície da Terra. Isso tem pouco valor, mas dá idéia da intensidade.

O sol é perfeitamente redondo quando se aproxima do horizonte. Ele retém a maior parte de sua simetria até que o último pedaço seja visível. O horizonte de cada lado do sol é extremamente brilhante e, quando o sol se põe ao nível dessa faixa brilhante do horizonte, ele parece esparramar-se para cada lado do ponto onde se põe. Com a máquina fotográfica eu apanhei o nivelamento do sol exatamente antes de ele desaparecer. Este é um fenômeno de certo interesse para os astrônomos.

Quando o sol se move em direção ao horizonte, uma sombra negra de escuridão move-se através da Terra até que toda a superfície, exceto a faixa luminosa do horizonte, fica escura. Essa faixa é extremamente brilhante logo que o sol se põe, mas à medida que o tempo passa a parte inferior vai ficando de um alaranjado brilhante e passa para o vermelho, que vai adquirindo cores mais escuras, ficando finalmente entre o azul e o preto. Uma das coisas que me surpreendeu foi a distância que a luz atingiu o horizonte, de cada lado do ponto do crepúsculo. Eu acho que o olho pode ver um pouco mais da faixa colorida do crepúsculo do que aquilo que a máquina fotográfica capta. Algo interessante foi o espaço de tempo que perdurou o crepúsculo orbital. A luz continuava visível no horizonte durante 4 ou 5 minutos depois do pôr-do-sol, um tempo longo se considerarmos que o crepúsculo ocorreu 18 vezes mais depressa que o normal.

O período imediatamente depois do crepúsculo tinha um interesse especial para os astrônomos. Devido à dispersão da luz atmosférica não é possível estudar a região próxima do sol, salvo no momento de um eclipse solar. Esperava-se que de um ponto acima da atmosfera a área próxima do sol poderia ser observada. Contudo, isso exigiria um período de adaptação ao escuro antes do crepúsculo. Foi desenvolvido um tapa-olho especial para este fim, que devia ser mantido no lugar por uma fita. Esperava-se que esse tapa-olho permitisse que um olho se adaptasse à escuridão da noite, antes do crepúsculo. Infelizmente a fita provou ser insatisfatória e eu não pude usar o tapa-olho. As observações sobre a coroa do sol e sobre a luz zodiacal devem esperar por vôos futuros, quando o piloto poderá ter a oportunidade de maior adaptação ao escuro, antes do pôr-do-sol.

Outra experiência sugerida pelos nossos conselheiros em astronomia foi a de obter espectrógrafos ultravioletas das estrelas da cinta e da espada de Orion. A camada de ozona da atmosfera terrestre não deixa passar raios ultravioletas abaixo de 3.000 angstrômetos. A janela da nave deixa passar raios de 2.000 angstrômios. É possível, entretanto, obter fotos das estrelas a bordo da nave Mercury, que não podem ser duplicadas pelos maiores telescópios da terra. Alguns espectrógrafos ultravioletas foram tomados das estrelas situadas na cinta de Orion. Eles estão sendo estudados para verificar se foram obtidas informações úteis.

A maior surpresa do vôo ocorreu ao amanhecer. Saindo da noite na primeira órbita, ao primeiro clarão da luz solar sobre a nave espacial, eu estava na nave, examinando os instrumentos durante uns 15 ou 20 segundos. Quando olhei para trás, através da janela, minha primeira reação foi de que a nave tinha precipitado e que eu nada podia ver a não ser estrelas pela janela. Compreendi, contudo, que eu ainda estava na posição normal. A nave estava cercada de partículas luminosas.

Estas partículas tinham uma cor verde-amarelada. Era como se a nave estivesse passando por um campo de vagalumes. Elas tinham o brilho de uma estrela de primeira grandeza e pareciam variar de tamanho, de uma cabeça de alfinete para talvez 3/8 de polegada. A distância entre elas era de cerca de 8 a 10 pés e estavam distribuídas uniformemente no espaço em volta da nave. Ocasionalmente, uma ou duas delas moviam-se vagarosamente em volta da nave e em direção à janela, derivando bem vagarosamente, para se moverem gradualmente para trás da direção para onde eu olhava. Observei esses objetos luminosos durante aproximadamente 4 minutos, toda vez que o sol surgia.

Existencialismo

por Maurice e Louis Becqué

Maurice e Louis Becqué combinam filosofia e religião neste breve ensaio extraído de sua obra A Vida Depois da Morte, volume 28 da Enciclopédia do Século Vinte do Catolicismo.

A "ANGÚSTIA" *(angoisse)* revelada pela literatura contemporânea, "comprometida" ou não, tornou-se objeto de estudo para a filosofia, uma vez que esta, também, estuda os impulsos da alma. De fato, as filosofias de nossos dias abandonaram as serenas regiões da objetividade, da essência e do universal, pelas da subjetividade, da existência e do particular. Jamais antes, talvez, a filosofia e a literatura foram tão ligadas. Estas manifestações do pensamento moderno merecem nossa atenção por causa de sua posição diante da vida futura.

Podemos dizer, de forma geral, que todas estas filosofias são mais ou menos "existencialistas". A irrupção de duas grandes guerras, a ansiedade e a insegurança surgindo da deposição de regimes e sistemas firmemente estabelecidos, não o foram sem influenciar o seu desenvolvimento. Já muito antes do choque da primeira guerra, o filósofo dinamarquês Soren Kierkegaard, em "Medo e Apreensão", tinha analisado o trágico elemento da existência. A posição estética de abandono ao momento presente é indefensável. A vida só é tolerável transcendendo a estética e mesmo a esfera ética, para chegar à religião através da fé. Esta fé é a verdade, mas a "verdade para mim", portanto puro subjetivismo. Toda verdade é subjetivismo. O homem será aquilo que quer ser, de acordo com a idéia que ele faz de seu ser. Sua eternidade é decidida e planejada em tempo-vida. Ele encontrará Deus, que se encarnou para salvá-lo, colocando-se como o "eu" diante dele. O absurdo, o obscuro da vida individual, inefável como é toda coisa individual, são experimentados pelo crente. Mas ele só se compromete com medo e apreensão, pois jamais conseguirá estar certo de ter sido escolhido pelo Senhor.

O subjetivismo é irmão da fenomenologia. O famoso professor Husserl (morto em 1938), pai desta nova filosofia, parece ter estado preparado para considerar como "objetos" somente aqueles para os quais a consciência se aplica. Ele confina sua descrição com aquilo que aparece (o fenômeno) e permanece idêntico, não se preocupando com a essência ou mesmo a existência. Uma coisa é "colocada ali" (ob-jeto): ela mesma tem um conteúdo que pode ser descrito ao sujeito, um conteúdo cuja consciência se aplica. Limitando a percepção da consciência, Husserl atribuiu uma certa importância ao subjetivo e preparou o caminho para os nossos modernos existencialistas.

Martin Heidegger continua o método descritivo de Husserl mas, em contraste com seu mestre, aplica-o à própria existência. O único ser na Terra capaz de conceber que existe é o homem. A existência humana significa estar ali, fora, em companhia de coisas (ex-istere). Isso é, diz ele, "ser-no-mundo", o *Dasein*. A morte pertence à estrutura do "ser-no-mundo". Ela constitui a última, a suprema possibilidade existencial. Porque o homem é imposto no mundo, ele se submete às suas divisões. Ele se volta para o passado, o presente e o futuro e tem conhecimento da historicidade. Antes de mais nada, ele olha para o futuro. Dado a esta aspiração ao que está para vir ele se eleva acima dele mesmo. Mas o que está para vir é a morte assomando no horizonte: até agora, na passagem da morte para a plenitude do ser, ele apenas encontrou o nada diante de si.

Menos pessimista, mais religioso, mais próximo de Kierkegaard, vem Jaspers. Sua posição é de que toda coisa existente pensa em si mesmo, sente a si mesmo e determina o seu ser. De repente encontra obstáculos, situações tais como o espaço, o tempo, a dor e a culpa, que limitam a tendência ao transcendente. Mas Jaspers atribui um alto valor a estes obstáculos. Eles provam que o homem não pode nem ser auto-suficiente nem encontrar um fim em si mesmo, em sua própria existência. Esta existência revela uma relação com Deus, com sua misteriosa presença. Por livre escolha a criatura humana pode chegar até o Ser eterno e absoluto. A grandeza divina, a transcendência, funde-se com o que os filósofos chamam de imanência, isto é, o fato de ser em si. Assim, aparece a "intimidade" da existência de Deus, que é meu próprio, a quem, nas horas de angústia, eu posso oferecer-me ou recusar-me. No pensamento de

Jaspers a existência humana, mais vertical do que a do sombrio Heidegger, tem o poder de se erguer dos fracassos, acima dele, que tudo transcende. Através desse passo final seu drama culmina, no baixar da cortina, com o encontro com o único Outro.

As filosofias existenciais, assim, não são unânimes na recusa ao apelo do mundo atual ao "além" divino.

Na França, especialmente desde a última guerra, toda uma soma de literatura irrompeu, na qual as idéias chamadas existencialistas foram popularizadas. O líder destes pensadores na linha de Heidegger é Jean-Paul Sartre. Mais um psicólogo, talvez, do que um metafísico, ele descreveu com mão de mestre o *taedium vitae*, o fastio incurável no qual está mergulhado o ser humano. O homem é um ser que está em processo de vir a ser. Ele nada mais é, sendo "condenado á liberdade". O "ser-em-si-mesmo", sem relação com outro ou com ele mesmo, torna-se consciência no homem. Esse ser questiona-se a si mesmo e atribui a si mesmo o mundo. Isto é que é o "para ele mesmo", uma fagulha cercada pela noite.

O "para ele mesmo", ou a presença para ele mesmo, produz a "Náusea". Porque "nada restou no céu, nem o Certo nem o Errado, nem ninguém para me dar ordens", exclama Orestes, em "The Flies". E então, como colocou Simone de Beauvoir, "que haja alguém nas profundezas do céu não diz respeito ao homem!".

No seu pequeno livro *Existencialismo e Humanismo*, Sartre declara que sua filosofia é "uma doutrina que torna possível a vida". "Não há sentido na vida *a priori*. A vida nada é até queseja vivida." É o homem que dá um significado à vida, pois é ele que existe. E "ele existe somente na medida em que compreende a si; ele, portanto, nada mais é senão a soma de sua ação, nada senão o que é a vida... O homem faz a si mesmo... ele se faz pela escolha de sua moralidade". Ele se define, na medida em que pode ser definido, por um "compromisso". Sartre quer ajudar o homem. Seu existencialismo é um humanismo. Seu existencialismo "não é ateu no sentido de que se exaure em demonstrações sobre a não existência de Deus. Declara, ao invés, que mesmo que Deus exista, isto não fará diferença. Do que o homem precisa é encontrar-se a si mesmo novamente e compreender que nada pode salvá-lo de si mesmo, nem mesmo uma prova válida da existência de Deus... "Somente pela autodecepção, por terem confundido seus próprios desesperos com os nossos, é que os cristãos nos podem descrever como sem esperanças." Mas ele reconhece que "o homem está em angústia". Isto significa que, ao comprometer-se, ele reconhece sua responsabilidade: ele escolhe não apenas seu próprio ser mas toda a humanidade. Entretanto, em contraste com o humanismo clássico, o homem é tratado como o seu próprio fim. "Um existencialista jamais tomará o homem como o fim, uma vez que o homem está ainda para ser determinado." Ele não se acaba nele mesmo, mas permanece "sempre presente num universo humano". Ele se projeta além de si mesmo, e assim obriga-se a existir. Sua escolha, que é inevitável e compromete toda a humanidade, nada tem a ver com o livre arbítrio, um capricho, como considerava Gide. Embora não surja de quaisquer valores preestabelecidos, ele não deixará de ter méritos. O homem está certo disso. Mas Sartre oferece, então, um remédio, uma solução para o desespero do homem? Ele não dá prova disso. Tem razão, é claro, quando diz que o cristão também perde a esperança no homem. É uma verdade no sentido de Pascal, que o homem é só miséria e fraqueza e deve procurar Deus para tudo, pois sem ele nada pode fazer. O que é a vida do homem, pergunta a Bíblia, senão mágoa e vaidade? Mas o cristianismo transfigura essa vida, de cima. Ele acredita que o céu já tenha visitado a terra. Para Sartre, por outro lado, não há transfiguração, não há justificação, não há beatitude. Não há salvação para o homem: ele é uma "paixão inútil". Não há mais esperança; nada resta senão viver a vida, embora a vida realmente humana "comece do lado oposto do desespero".

Sartre acredita na existência desse lado oposto? Embora ele às vezes chegue muito perto de Nietzsche, embora declare, como Zaratustra, que a "morte de Deus" liberta o homem, em nenhum lugar afirma que a liberdade recuperada pela desaparição ou pela eliminação do Ser Supremo permite ao homem transcender-se. Nietzsche, é claro, exalta esta transcendência e, a despeito de sua aversão satânica ao cristianismo, necessário aos fortes e aos super-homens, ele oferece seu próprio Cristo como modelo. Não o "pálido Galileu", necessário aos fracos e aos fracassados, muito menos o Redentor prometendo recompensas no outro mundo, mas uma estranha figura, constantemente voltada para seu mundo interior, no qual ele encontra a suprema felicidade e a paz profunda. Aos que desejam segui-lo Nietzsche promete acesso ao único reino dos céus verdadeiro, dentro de si mesmos. Esta é a única esperança deles. Sartre parece não concordar com isso. Se nas colocações ele parece um nietzscheano, na verdade está mais perto do marxismo, uma vez que é no destino dos homens no que ele pensa.

Como os marxistas, ele não vê "salvação para o homem" exceto na "libertação da classe operária". Mas não terá nada da fé dos materialistas, porque não concorda em renunciar aos direitos da livre crítica, da evidência e da verdade. Sartre observa que "milhões de homens encontram nele (no materialismo) uma esperança e a imagem de sua condição", e conclui que ele ilumina algumas verdades, mas que isso não significa que é "inteiramente verdadeiro como doutrina". É apenas um mito.

Era este, afinal, o pensamento do filósofo em 1946. É possível que desde então ele tenha progredido, mas de qualquer maneira dificilmente nos convenceu que seu existencialismo seja um humanismo, esse pensador para quem "o inferno... é o outro", e que parece influenciado pelo auto-erotismo, concluindo com a teoria do niilismo.

Muito diferente é Albert Camus, que freqüentemente tem sido comparado com ele. Ele rompeu pública e definitivamente com Sartre, chegando a trocar algumas cartas agressivas. Camus, além disso, não pôde resignar-se ao absurdo da vida e é isto que está nos fundamentos da polêmica entre ele e Sartre. Camus vê apenas uma questão importante para o homem: deve ou não deve ele cometer suicídio? A lógica da vida implica no suicídio. Mas na realidade ele é o homem em revolta. "O Estrangeiro" é o homem que aceita viver, literalmente, como um estranho a si mesmo, ao seu próprio destino pela vida afora. Ele joga no presente, contra o futuro, o Eterno, sem esperanças. Sísifo alegra-se em galgar o penhasco, seus pés tropeçando nos seixos. Esse é seu destino pessoal presente, que nada tem a ver com algum "destino mais elevado... Este universo de agora em diante sem um mestre, não lhe parece estéril nem fútil... A própria luta em direção às alturas é suficiente para encher o coração de um homem. Deve-se imaginar Sísifo feliz." Sua felicidade, precisamente como se fosse um homem, consiste em fazer alguma coisa para um de seus companheiros, para o bem da humanidade. Assim, o médico argelino, em "A Peste", não aspira à santidade ou a uma auréola, a recompensa do justo em algum outro mundo, mais elevado. Os genuínos "Justos" erguem sua cidade real e final na Terra. Ela não pode ser a Cidade de Deus e da graça. É a cidade da revolta. Optando por esta, o homem estará se decidindo pela solidariedade, pela fraternidade, pela camaradagem. "Estes são os verdadeiros ricos, pois eles são perecíveis", e Camus chega a dizer: "A sociedade cristã, com sua fé, parece desaparecer." Não que ele não admire o cristianismo. Mas é que ele ainda pensa que o mundo criado é seu único país, a carne sua única certeza e que a "compreensão" morre com ela.

Num de seus Ensaios, chamado "Núpcias", ele esclarece suas idéias acerca de seu mundo. Esta passagem merece ser transcrita:

"Passei a manhã num mosteiro franciscano em Fiesole, fortemente cheirando a louro. Fiquei parado um longo tempo num pequeno pátio inundado de flores vermelhas, de sol, de abelhas pretas e amarelas... Antes de chegar lá, eu tinha visitado as celas dos frades, onde vi suas pequenas mesas, cada qual com uma caveira sobre ela. E agora o jardim deu sinais de suas inspirações. Eu tinha voltado para Florença, pelas colinas inclinadas em direção à cidade, aberta à visão, com todos os seus ciprestes. Este esplendor do mundo, estas mulheres, estas flores, pareciam-me ser a justificação destes homens. Eu me perguntava se eles também pudessem ser a justificação de todos aqueles homens que compreendem que um certo extremo da pobreza é sempre encontrado ao lado do luxo e da riqueza do mundo. Entre a vida daqueles franciscanos, confinados nas suas colinas e nas suas flores, e a vida daqueles jovens do povo, na praia de Padovani, em Argel, que passam o ano todo no sol, senti uma harmonia mútua. Se eles são despojados de tudo, isso se dá em favor de uma vida mais plena, não de uma outra vida. Este, afinal, é o único uso legítimo da palavra *dénuement*. Ser despojado implica sempre num sentido de liberdade física e naquele acordo entre a mão e as flores; naquela compreensão amorosa entre a terra e os homens, que nos livra do humano. Se essa já não fosse minha religião, com que júbilo eu me converteria a ela! (E mais adiante): O sorriso secreto do S. Francisco de Giotto justifica aqueles que têm o gosto pela felicidade.(Os franciscanos de Fiesole entre suas flores tinham). Florença, nas suas janelas, e a morte nas suas mesas. Uma certa continuidade no desespero pode fazer nascer a alegria."

De passagem devemos observar este conceito de uma "alegria do sol", que é a riqueza do pobre. Camus retorna a isso em outros ensaios, originariamente publicados quando ele tinha 22 anos, os quais ele acabou por republicar, sem recuperar o estilo daquelas páginas. No prefácio de "O Inverso e o Direito", ele escreve: "A pobreza jamais foi um mal para mim: a luz a inundava com sua riqueza. Mesmo minhas rebeliões eram iluminadas por ela. Acho, honestamente, que elas foram sempre rebeliões de todos os homens, para que a vida de todos os homens pudesse ser elevada até a luz." Depois de receber o Prêmio Nobel de Literatura, o autor no *Discours de Suede* retornou às idéias de sua juventude, as quais jamais abandonou. Graças a Deus este nobre filho do Mediterrâneo, que acreditava no esplendor e na "beleza do mundo", pode ter chegado a ver, antes de sua morte, que eles nada mais são do que o outro lado de um esplendor e de uma beleza cujo nome é Deus.

Antes de Sartre e Camus, o filósofo e dramaturgo Gabriel Marcel chegou a saber muito cedo que a vida é comunhão e mistério. Porque é comunhão, estabelece relações com o mundo. Porque é mistério, estas relações não derivam da objetividade. Não são objetos apresentados à apreensão e à compreensão de fora para dentro. Ser não fica reduzido a ter e não se pode tornar um problema. É pela meditação sobre seu corpo que certos valores são revelados ao homem. Assim é que, no amor, outra pessoa é mudada em um "tu" e em uma "presença" para quem ama. O "eu" descobre um "tu". Tudo o mais prova esta medida para o crente. Na fé e na lembrança ele descobre Deus, o "Tu absoluto". Ele se compromete com o puramente divino e é elevado até ele. Agora ele pode reconhecer Deus e dar testemunho de sua presença inefável, "transcendente". Mas ele tem de aceitá-lo e chamar por ele: seu questionamento pode tornar-se uma invocação. Se ele for humilde não se recusará a orar. Terá fé e se colocará a serviço das coisas de Deus. Alimentará a esperança de ficar unido a Ele, visto que, como homem, um viajante neste mundo sem alma e submetido a ciências técnicas, é tentado a se desesperar e a se suicidar, correndo o risco, também, de destruir os valores mais nobres, encarando-os como objetos. Mas se o fizer, ser não é mais do que ter, a presença é matéria, a pessoa uma imagem ou um espécime e Deus um ídolo. O homem só pode superar estes julgamentos e vencer a angústia humana se chegar até ele "cujo verdadeiro nome só a religião conhece: o Deus, sua paz e sua beatitude".

A Primeira Vez que o Americano Alto foi Filmado

por Richard Gehman

O primeiro dia em que Gary Cooper posou de "cowboy" figurante está descrito de forma divertida nesta passagem, extraída do livro O Americano Alto: a História de Gary Cooper.

ASSIM QUE ELE (Cooper) chegou (ao estúdio) percebeu que todo aquele trabalho que tivera na noite anterior, preparando sua roupa, fora inútil. Perfilado com vinte "cowboys" excêntricos que tinham sido contratados para aquela seqüência, ele recebeu um uniforme da Cavalaria dos Estados Unidos. As mangas eram curtas demais e o traseiro muito apertado. "Não tem importância — disse o diretor da unidade — pois você não aparecerá em nenhum close e o público jamais perceberá a diferença."

Enquanto os operadores punham o equipamento em ordem, o diretor explicou a cena. A Cavalaria vinha perseguindo um bando de índios durante muitas milhas e agora os tinha cercados. "A primeira tomada será uma carga cruzando a campina em direção àquelas árvores lá longe. Vocês começam quando eu der um tiro com esta arma. O primeiro que lá chegar ganha um dólar extra — logo, corram o mais rápido que puderem."

Cooper alinhou-se com o restante dos cavaleiros. Pelo que pôde constatar ele era o único homem envergando um uniforme de soldado raso. Todos os demais tinham insígnias de oficiais.

Cooper deu uma palmada no pescoço de seu cavalo. Era bom ter um cavalo debaixo dele novamente e mal podia esperar pelo sinal da largada, para poder galopar. O sinal veio antes que ele estivesse pronto. Trac! Era o tiro da arma do diretor, e os cavaleiros puseram suas montarias em ação. Cooper foi tomado de surpresa. Seu cavalo recuou e quase o derrubou, mas ele segurou-se, cutucou as esporas e partiu, alcançando a tropa. Esta já cavalgava perto das árvores numa nuvem de poeira e de longe os cavaleiros ouviram o grito do diretor: "Corta!".

Ora — pensou Cooper enquanto todos voltavam para o local onde estava o equipamento de filmagem — esse negócio de cinema é uma canja.

Meia hora depois ele mudou de opinião. Desta vez a tropa recebeu ordens para galopar numa trilha de carvalhos. Era um caminho estreito e denso e o diretor insistiu para que os homens cavalgassem diretamente dentro dela. Cooper olhou para as árvores com seus galhos baixos e estava quase protestando, mas repensou o assunto.

Trac! fez a arma do diretor e os homens saíram.

Tão logo alcançou as árvores, Cooper deu um puxão nas rédeas, para deter o cavalo, mas era tarde demais. Um galho apanhou-o pelo ombro derrubando-o, sendo quase pisado pelos cavalos que distraídos vinham atrás.

Ficou caído, seu rosto ferido, o ombro doendo insuportavelmente. Lá longe ele ouviu o diretor gritar: "Corta". Em volta ele só ouvia gemidos e lamentos. Alguns homens tiveram realmente braços e costelas partidos. Quase todos ficaram feridos, havia gente no chão à vontade e só alguns dos cavaleiros conseguiram manterse nas montarias.

"Isso foi grande!", gritava o diretor. "Bem realista, bem verdadeiro."

Era hora do almoço. Ainda chocado, Cooper caminhou lentamente até a barraca das provisões. Recebeu seu prato de porco com feijão das mãos do cozinheiro mal-humorado e sentou-se ao lado de um dos extras que também fazia o papel de "cowboy". O homem fez um aceno rápido e perguntou de onde ele era. Cooper respondeu.

"Primeiro dia?"

"Sim. Você pegou um dia ruim. Nem sempre é tão mau assim, mas às vezes é pior ainda".

"E o que é que acontece com esses caras que estão feridos?", perguntou Cooper.

"Ora, eles voltarão a trabalhar dentro de um mês ou dois. Eles sempre voltam. Olhe só para isto." O homem ergueu seu braço direito. Estava arqueado como uma forquilha. "Três fraturas. Sabe como é, você não pode passar sem dinheiro. E é bem melhor do que vaquejar."

Acabaram de comer o feijão e saíram. Os cavaleiros — e alguns substituindo os feridos — começavam a se reunir. Cooper sentiu alguém lhe puxando a manga. Era o diretor, trazendo um estranho sorriso nos lábios. "Você é o Cooper?"

"É isso aí, senhor."

"O departamento do elenco me informou que você é

um bom cavaleiro. Alguém aí disse que você é o melhor que já veio de Montana. É verdade isso?"

Cooper hesitou. "Bem... eu não diria isso de mim mesmo, mas já me disseram que posso..."

"Muito bem", interrompeu o diretor. "Eu preciso de alguém que me faça uma queda esta tarde. Uma queda fácil, do cavalo, sem que o cavalo também caia. Tudo o que você tem a fazer é cair. Você pode fazer isso, não pode?"

"Acho que posso, sim senhor."

"Vai ser uma cena *só sua*", disse o diretor. "*Você será o astro*".

"Isso é o máximo", disse Cooper, mas ele não confiou no sorriso do homem.

Suas apreensões aumentaram quando ele viu o cavalo que iria montar. A montaria da manhã havia sido um cavalo seguro, indócil mas obediente. Este era um Pégaso terrestre. Era um garanhão que não gostava de ser montado e ele pulou e corcoveou quando o ator estreante conseguiu montá-lo.

A cena pedia que Cooper cavalgasse a todo galope, atravessando uma chuva de flechas lançadas pelos índios. "Não tenha receio", disse-lhe o diretor. "Nós temos arqueiros experientes aqui. Eles se esforçarão para errar." Em seguida, deu um tiro com seu revólver.

Cooper bateu com as esporas no cavalo e partiu. Ia indo tudo muito bem e ele estava controlado, até que as flechas começaram a zunir. O cavalo recuou e empinou e Cooper perdeu o controle. Lá longe o diretor gritou: "Bata nele!" Foi um grito bem-vindo; se não fosse o grito, ele teria saltado daquele cavalo maluco justamente para ficar longe dele. Nos rodeios amadores em Montana ele tinha aprendido a cair de um cavalo a galope com muita habilidade. Tudo o que o cavaleiro tem a fazer é deixar seu peso cair num braço estendido, dar um impulso com esse braço, dar uma virada de ombros e cair meio de lado. Ele mergulhou, esticando o braço, mas o cavalo corria tanto que seu braço dobrou-se em dois. Ele bateu no chão com o ombro e seu choque fê-lo subir e cair pela segunda vez, um salto duplo que o fez cair de cabeça.

Ficou ali, se perguntando se aquilo seria a morte. O médico apareceu, dobrou-o e apalpou-o. "Besteira", disse o médico para o diretor. "Um pouco chocado, só isso. Ele está fazendo fita."

Se Frank Cooper, um jovem pacífico, tivesse tido força, se poria de pé e amassaria o nariz do médico. Havia só um consolo: quinze minutos depois eles ainda não haviam agarrado o cavalo.

O diretor foi até onde Cooper estava sentado, com os joelhos dobrados e a cabeça entre eles, tentanto retomar o fôlego e desejando que as dores se fossem.

"Nada mau", disse ele. "Talvez possamos usar você novamente, Cooper."

O diretor teria recebido o mesmo presente que Cooper quis dar ao médico, mas acontece que ele foi embora apressado. Cooper se pôs de pé e foi até a barraca de pagamento.

"Como você deu uma queda, vai receber dez dólares", disse o pagador. De outro modo só ganharia cinco: primeiro dia de trabalho. É tudo."

"Muito obrigado", disse Cooper. Mas seu sarcasmo não foi percebido.

Nunca mais, disse ele consigo mesmo. Esse dinheiro não pagava aquela espécie de castigo. Além do mais, estava ressentido com o tratamento casual e desdenhoso com que o diretor e todos ali tinham dispensado aos figurantes. Meu primeiro e último dia no cinema, pensou ele.

Mas a caminho de casa começou a sentir-se um pouco melhor. O nevoeiro que atualmente cobre Los Angeles ainda não aparecia naquela época e o ar estava fresco e claro. Uma boa respiração e as machucaduras já não o incomodavam tanto como na ocasião das duas quedas. Os dez dólares estalaram no bolso. Uma voz lá dentro lhe dizia que ele ficara nervoso porque era o primeiro dia. Já tinha montado em cavalos piores em Montana. Só que desta vez não se havia aquecido o suficiente para aquele cavalo; num outro dia qualquer poderia pegar impulso próprio. Sorria de sua própria tolice. Da próxima vez estudaria o cavalo antes e só depois montaria. Tudo o que pôde pensar foi: dez dólares para cair do cavalo!

Naquele momento todos os pensamentos para fazer de sua arte um sucesso ocupavam sua cabeça. Mais tarde haveria dúvidas, mas por enquanto tudo o que ele podia pensar era que, afinal, parecia que tinha encontrado alguma coisa que sabia fazer. Correu para casa para contar ao pai e eles tiveram a conversa citada no início desta narrativa. O juiz Cooper deu, finalmente, seu consentimento; seu filho poderia tentar trabalhar como ator durante um ano. E dali em diante Frank Cooper passou a ser um ator de cinema...

A Literatura Anglo-Americana

Um excelente exemplo de crítica literária é este artigo informativo, extraído da Pequena Enciclopédia da Moderna Literatura Mundial, *editada por Geoffrey Grigson.*

TENTAR AVALIAR, em poucas palavras, toda a literatura em língua inglesa do século XX — uma literatura que inclui a poesia da África do Sul, da Austrália e da Nova Zelândia, as numerosas novelas sobre a alienação da juventude dos novelistas canadenses e o recente florescimento literário da Índia Ocidental, assim como todo o conjunto da literatura inglesa e norte-americana — é empreender o impossível. Nunca antes foram escritos e publicados tantos livros. Nunca antes os escritores tentaram dedicar-se tanto à arte. As novelas de Joseph Conrad, D.H. Lawrence, E.M. Forster na Inglaterra e de Henry James, William Faulkner e Ernest Hemingway nos Estados Unidos; a poesia de T.S. Eliot e W.B. Yeats, Ezra Pond, W.H. Auden e Wallace Stevens — tudo isso, para não falar de muitos outros grandes talentos, representa um triunfo para a civilização anglo-americana e para o ideal liberal, o florescimento de uma civilização dominante.

Entretanto, em certo sentido, trata-se de um triunfo oco, pois há crescentes evidências de que a voz do artista é uma voz solitária. No curso desse mesmo período tem havido, provavelmente, menos interesse real pela arte na sociedade em geral, menos convicção de sua utilidade do que jamais antes. A quebra de contato do artista sério com um público sensível que tinha sido conquistado, quase todo ele, pela demanda pouco artística dos meios de comunicação de massa, limitou gravemente a visão artística e o artista viu-se cada vez mais excluído dos conselhos humanos. A influência que os novelistas e poetas exerceram no último século parece ter sido transferida, de um lado para os psicólogos e sociólogos e, de outro, para astros e cantores; como conseqüência o artista, mais do que nunca, aparece como o homem marginal, preocupado com os crescentes problemas privados, apresentados em linguagem pessoal e técnicas aparentemente obscuras.

Em suma, a revolução promovida pela *avant-garde* nos primeiros anos do século, que se supunha conduzir a sociedade para um mundo melhor, apenas separou o artista da sua sociedade; ela conduziu, mas poucos a seguiram. Alguns movimentos, como o classicismo de Eliot e outros, tiveram sua relevância, mas ela pareceu ser uma relevância cada vez menos literária. Embora tanto na Inglaterra quanto nos Estados Unidos o novo século tenha trazido muitos novos nomes e novas técnicas literárias, embora tenha trazido as experiências de James Joyce e Gertrude Stein, de Virginia Woolf e E.E. Cummings, embora tenha trazido o brilhantismo dos anos 20 com Aldous Huxley e Scott Fitzgerald, os socialmente conscientes anos 30 com Auden e John Steinbek, George Orwell, James Farrell, Erskine Caldwell e John dos Passos, embora tenha trazido uma sólida expansão da novela, da poesia e do drama, a expansão veio diminuindo constantemente os choques. Neste aspecto a guerra foi tão mais dramática, tão mais desintegradora das velhas maneiras de pensar e tão melhor em conduzir para a nova era do pensamento do que foi qualquer arte. Além disso, pode ser que a literatura funcione melhor quando é capaz de celebrar o domínio do homem sobre sua sociedade; e a experiência periódica, bem como o período, tema artístico do século vinte, tem sido a capacidade da sociedade em triunfar sobre o homem. Pode ser que a literatura seja essencialmente um empenho liberal preocupado com a liberdade do homem e em ganhar o respeito por sua humanidade e que tudo o que a literatura moderna tem sido capaz de nos mostrar é a falência do liberalismo em se proteger contra o caos. Sem dúvida, o que algumas das diferentes obras do nosso tempo, como *Lady Chaterley's Lover* e *A Farewell to Arms, Dr. Zhivago* e *Sartoris, A Passage to India* e *The Waste Land* têm em comum é o sentido de que é bastante difícil ao respeitador da virtude individual proteger até mesmo sua individualidade, num mundo que se agasta rapidamente da Idade de Ouro. O artista, é claro, vê como um artista e tem seu próprio interesse e os artistas podem tender a concordar quanto ao estado desastroso dos problemas humanos, numa época em que cada um de nós se sente perfeitamente feliz com sua sorte. Mas num mundo em que a visão moral do homem declinou, o artista tende a agarrar-se nela; e a literatura anglo-americana tem defendido amplamente o liberalismo e a civilização simultaneamente enquanto vêm sendo ameaçadas por dentro e por fora. Não se trata de tema exclusivamente anglo-americano, pois um dos destacados desenvolvimentos do século vinte tem sido a crescente internacionalização da arte. O escritor escreve para um mercado mundial e ele reage aos valores de um público mundial.

O outro grande dilema do artista moderno é que existe muita coisa para se saber. Há (para usar a frase de André Malraux) um "museu imaginário" de conhecimentos, tradicional e internacional, que o artista tem que dominar. É mais difícil do que nunca representar e falar na liga mundial, responder ao que melhor é conhecido e pensado no mundo. É difícil encontrar um estilo ou um tema quando todos os estilos e temas parecem ter sido esgotados e quando o próprio homem já não se impressiona com grandes desígnios. Esta é uma das razões pelas quais boa parte da arte moderna se preocupa, seja em perseguir a originalidade extrema, seja em registrar o cômico e o tema torto, seja em ser desavergonhadamente provinciano. Um novelista como Samuel Beckett parece tipificar estes três apelos. E nas obras inglesas, pelo menos, tem havido uma concordância de interesses; tivemos uma Idade de Prata, desde a última guerra, com a poesia ainda mais pessoal e privada e com a novela ainda mais restrita e provinciana. As exceções — digamos, por exemplo, Lawrence Durrell na novela, Dylan Thomas e a geração "beat" na poesia — têm arriscado suas tentativas quase inteiramente na linguagem e na retórica, ou simplesmente têm tentado viver sua arte em suas vidas. A Inglaterra tem seus escritores notáveis — Graham Greene e Ivy Compton-Burnett, C. P. Snow, William Golding e Irish Murdoch — mas ela não pode, no presente, reivindicar nenhum escritor mais jovem de primeira linha. Quando o obstáculo é observado, o que raramente acontece, tem-se insinuado que o ímpeto que costumava ter a novela foi encaminhado para o drama. Mas um exame mais atento entre os Osbornes e os Weskers parece mostrar só alta competência e nada mais do que isto.

Será que nós, na Inglaterra, estamos ficando provincianos, que nossos interesses, em geral, estão mais limitados do que nunca e que todos nós estamos ou muito satisfeitos com as coisas como estão, ou procurando apenas as recompensas da revolução social, recompensas que são, mais conspicuamente do que nunca, apenas materiais? Haveria uma estranha mudança de equilíbrio se a Inglaterra, agora, se tornasse a seguidora literária e a América a nova capital cultural. Porque até a década de 20 a América foi, muito conscientemente, a distante província literária, longe de Londres e, portanto, sem contato. Londres, uma das grandes capitais culturais, foi um centro da literatura da língua inglesa, tirando Oscar Wilde e Bernard Shaw, George Moore e Yeats, Joyce e J.M. Synge, da Irlanda, Eliot e Pund e James, da América, Conrad, da Polônia. Havia lá uma república internacional de letras que era sua essência manter-se, no lugar certo e no tempo certo.

As décadas de 20 e 30 foram os períodos do grande crescimento das letras norte-americanas, trazendo à baila novelistas do calibre de Hemingway, Fitzgerald, Faulkner, Nathaniel West, Dos Passos e John O'Hara e poetas que iam de Wallace Stevens a Robinson Jeffers. A literatura norte-americana foi, então, distinta por si mesma; os novos escritores tinham uma característica norte-americana própria. Embora muitos de seus temas fossem internacionais e, embora trabalhassem em consciente relação com a tradição literária inglesa, era para o passado norte-americano que eles mais olhavam: para Whitman e Mark Twain em particular, com sua liberdade de rumos, seu estilo vernáculo, sua falta de interesse por temas sociais, sua preferência pelo homem nu não-social e com seu grande senso de responsabilidade para com a qualidade da sociedade norte-americana e da natureza do homem norte-americano. É verdade que esta posição freqüentemente se manifestava em um desejo de *épater le bourgeois*, de satirizar a estreiteza e o provincialismo de seu país e de adotar um ponto de vista cínico. Mas isto fazia parte de uma alienação mais ampla da vida americana, sentida pelos escritores americanos, fazia parte de um sentimento segundo o qual aqueles que carregavam uma responsabilidade artística e moral estavam completamente desligados daqueles que carregavam uma responsabilidade política, econômica e social. Em certo sentido a depressão, no final da década de 20, podia ser descrita como uma conseqüência da situação e, da mesma forma, como sua solução. Porque o craque parecia convidar os escritores a assumirem novamente seus deveres sociais: e os anos 30 foram, nos Estados Unidos, como na Inglaterra, a era da literatura política, desde "The Grapes of Wrath", de Steinbeck, até "Waiting for Lefty", de Clifford Odets.

Se os escritores podem ser considerados como pessoas que encarnam uma parte da energia e da curiosidade da sociedade de onde saem, então, afinal de contas, talvez os escritores norte-americanos foram, e continuam sendo, mais estimulados por suas circunstâncias e nacionalidade do que pensam. A cultura norte-americana é uma cultura cosmopolita, emprestada, porque a América é uma sociedade tomada de empréstimo. As letras inglesas, hoje, parecem limitadas e sem contato, em comparação com a energia e o ecletismo das letras americanas: letras que abrangem a violenta decadência de Tennessee Williams e Truman Capote, o misticismo sofisticado de J. D. Salinger e John Updike, o protesto de negros como Richard Wright, a turbulência de Normam Mailer, a brilhante afirmação judaica de Saul Bellow e Bernard Malamud. Talvez o equilíbrio esteja mudando, talvez a expatriação de escritores ingleses para a América seja um sinal de que a nova capital das letras anglo-americanas, no contexto da república internacional de letras, já não seja Londres, mas Nova York. Mas a influência mútua permanece, e uma das determinantes das letras inglesas modernas é a apreensão do público anglo-americano para o qual o escritor moderno escreve. O sentido da tradição comum — embora dentro dessa tradição existam caminhos diferentes e soluções diferentes para problemas comuns — ficou mais forte, sem dúvida, e a performance norte-americana está mostrando, à maneira de ver da imaginação inglesa, que ela não poderia atingi-la sozinha. Tem a ver cada vez menos com o continente e cada vez mais com os Estados Unidos, o fato de que os escritores ingleses estejam descobrindo parentesco literário.

A civilização anglo-americana desempenhou, nos séculos 19 e 20, um papel comparável àquele desempenhado pela civilização francesa no século 18 ou pela civilização italiana na Renascença. O florescimento do liberalismo democrático que ela representa está refletido na sua produção literária. Embora seja temerário tentar representar a natureza e a variedade dessa produção, vale a pena insistir em que ela levou vantagem do poder econômico e político, que permitiu às duas nações discursar para o mundo e dramatizar-lhe a plenitude e o desatino de nossos valores.

O Fim de Mussolini

por Ivone Kirkpatrick

Esta passagem dramática, que combina narrativa fluente com precisão histórica, foi extraída da biografia Mussolini: um Estudo do Poder, *escrita por Ivone Kirpatrick.*

A COLUNA SAIU de Menagio antes do amanhecer do dia 27 de abril. Com ela viajavam Elena Curti, Clara Petacci e seu irmão Marcello. Ali pelas 7 horas a coluna atingiu Musso, onde foi subitamente detida por um bloqueio guerrilheiro. Houve uma viva troca de tiros entre o pequeno grupo de guerrilheiros e o carro blindado de Pavolini, depois do que foi hasteada uma bandeira branca e a parlamentação começou. Eram mais ou menos seis horas da manhã. O comandante local, Pier Luigi Bellini della Stelle (Pedro), comandando a 52ª Brigada Garibaldi,foi convocado no seu quartel-general em Dongo, a cerca de uma milha de distância, para negociar com os oficiais alemães. Ele explicou que tinha instruções para não deixar passar ninguém e os alemães replicaram que pretendiam cumprir suas ordens e atingir Merano. Acrescentaram que não desejavam entrar em conflito com os guerrilheiros. Parecia que a parlamentação havia chegado a um beco sem saída.

Contudo, os dois lados estavam animados do mesmo propósito. A pequena e mal armada força de Pedro não estava em condições de enfrentar os alemães, tanto mais que os alemães só estavam preocupados em chegar em casa e já não tinham estômago para um combate. A tática dos "partiggiani" consistia em ganhar tempo e em confiar no blefe. Foi eventualmente combinado que o comandante alemão, tenente Fallmeyer, que já se havia declarado indiferente à sorte dos italianos agregados à sua coluna, deveria acompanhar Pedro até o quartel-general em Morbegno, a cerca de 15 milhas a nordeste, a fim de se discutir um acordo.

O comboio ficou esperando à beira do lago durante cerca de seis horas. Ali pelas duas horas, Fallmeyer voltou com a notícia de que os guerrilheiros, que estavam dispostos a impedir a passagem dos italianos, tinham feito preparativos para explodir uma ponte no rio Mera, nove milhas ao norte. Contudo, estavam dispostos a permitir que os alemães prosseguissem, sob a condição de que seus veículos fossem inspecionados em Dongo, a fim de se verificar a possibilidade de estarem transportando italianos. Fallmeyer forçou esta solução junto a Birzer, que, por sua vez, percebeu não haver alternativa senão concordar. Sua pequena escolta teria sido insuficiente para proteger o Duce numa área completamente controlada pelos rebeldes.

Como último expediente, Birzer induziu Mussolini a vestir um casaco e um capacete do exército alemão e a entrar num dos caminhões da coluna alemã. Com isso esperava que o Duce pudesse passar despercebido no posto de controle em Dongo. Mussolini, como um sonâmbulo, passou obedientemente para o caminhão, levando consigo sua preciosa pasta de documentos secretos. No último momento Clara tentou juntar-se a ele mas foi impedida pelos alemães e obrigada a voltar para o carro onde estava seu irmão, na retaguarda da coluna.

Ali pelas três horas, os alemães deram partida, deixando os seguidores de Mussolini nas mãos dos guerrilheiros. Ele agora estava completamente só. Em poucos minutos a coluna parou na praça de Dongo, onde devia ocorrer a combinada inspeção. O tenente Fallmeyer acompanhou os guerrilheiros na sua busca de cada veículo e de repente a confusa figura disfarçada num uniforme alemão foi reconhecida como sendo o Duce. Há alguma dúvida sobre se sua presença não teria sido verificada pelos guerrilheiros em Musso. Ele foi imediatamente arrancado do caminhão pelos seus exultantes captores e levado, passando por uma multidão excitada, até a sede da Municipalidade. De acordo com Urbano Lazzaro (Bill), um subcomandante da 52ª Brigada Garibaldi, seu rosto parecia de cera e sua expressão fixa e um tanto desligada, revelava extrema fadiga mas não medo. Afinal, ficara livre da tutela alemã. A coluna alemã, aliviada de seu pesadelo, prosseguiu, muito grata, em sua marcha para o Norte.

Logo depois foram levados para junto de Mussolini, no prédio da Municipalidade, os demais membros de seu partido, inclusive Pavolini, que se havia ferido numa tentativa de fuga, lançando-se ao lago. Marcello Petacci, que tentara passar por diplomata espanhol com um passaporte falso, também tinha sido preso com sua família e Clara. Ele estava detido no hotel local para posterior investigação, ao passo que Clara, que não possuía documentos e cuja identidade ainda não despertara suspeitas, estava na Municipalidade.

A captura de Mussolini, que foi comunicada por telefone, tão cedo quanto possível, para Milão, não foi um acontecimento que o heterogêneo Comitê de Libertação estava preparado para enfrentar. Os membros do Comitê — que não era governo — estavam dispersos e não havia um mecanismo que pudesse fazer sair dele uma decisão rápida para resolver assunto tão importante. A resposta imediata foi uma diretiva para que o prisioneiro fosse tratado com toda consideração e não fosse alvejado, mesmo que tentasse a fuga. Receava-se, evidentemente, que os guerrilheiros pudessem invocar a costumeira desculpa pela morte de um prisioneiro. Mas em Milão não havia ainda uma idéia muito clara sobre qual poderia ser o próximo passo. Somente os comunistas sabiam exatamente o que queriam.

Os guerrilheiros de Dongo, com muito orgulho local, pareciam estar inspirados pelo desejo de ter, em mãos, esse importante prêmio o maior tempo possível, e de entregar o seu prisioneiro aos seus superiores e não aos aliados. Temendo que Mussolini lhes pudesse ser arrebatado, eles o transferiram da Municipalidade para o quartel da Guarda do Tesouro em Germasino, nas montanhas situadas a 2 milhas de Dongo. Lá ele foi alojado numa cela, recebeu alimentos e, de acordo com instruções recebidas de Milão, foi convidado a assinar uma declaração de que fora bem tratado. Com a mão nervosa, ele escreveu numa folha de papel: "A 42ª Brigada Garibaldi aprisionou-me hoje, sexta-feira, 27 de abril, na praça de Dongo. O tratamento que me foi dispensado durante e depois de minha captura foi correto." Parecia, então, agitado, segundo relataram seus guardas mais tarde, mas não revelava medo nem preocupação pelo seu destino.

Contudo, pediu um favor a Pedro, o guerrilheiro comandante: dizer adeus, em seu nome, a Clara Petacci, que estava presa na sede da Municipalidade e pedir-lhe para que não pensasse nele de nenhuma maneira. Esta era a primeira indicação, para os guerrilheiros, de que Clara se encontrava entre os prisioneiros. Pedro cumpriu pontualmente a incumbência e, numa longa conversa com Clara, que ele descreveu como emocionante, cedeu aos seus pedidos para juntar-se a seu amante.

Mais tarde, naquela noite, os guerrilheiros, temendo que a presença de Mussolini em Germasino se tivesse tornado conhecida, decidiram transferi-lo novamente, desta vez para uma vila em San Maurizio, perto de Brunate, duas milhas a nordeste de Como, do outro lado do lago. Ele foi despertado do sono e, para disfarçá-lo de guerrilheiro ferido a caminho do hospital, sua cabeça e seu rosto foram cobertos de gaze, ficando irreconhecível. Mussolini submeteu-se a tudo sem pronunciar uma só palavra e foi conduzido de carro de volta a Dongo. Chovia muito e fazia frio. Na praça de Dongo, Mussolini recebeu licença para descer e saudar Clara Petacci. "Por que é que você decidiu seguir-me?", perguntou Mussolini. Ela respondeu: "É assim que eu quero."

O grupo seguiu lentamente em direção a Como. Clara ia num carro da frente com alguns guerrilheiros e Mussolini ia num segundo carro, sentado ao lado de uma guerrilheira que desempenhava o papel de enfermeira. No caminho iam sendo constantemente detidos por destacamentos guerrilheiros que bloqueavam as estradas mas que os deixavam passar sem maiores dificuldades. Entretanto, quando chegaram a Moltrasio, a quatro milhas de Como, ouviram o som de um tiroteio distante e foram informados, por um amigo local, que os aliados haviam chegado a Como naquela noite e ali estavam encontrando alguma resistência por parte das forças fascistas. Temendo que se persistissem na tentativa de chegar até Brunate poderiam ser envolvidos na luta ou cair nas mãos dos aliados ou dos fascistas, decidiram voltar para Azzano, a dez milhas de distância, onde, ali perto, morava um pequeno agricultor, conhecido de um dos guerrilheiros como um homem que já os havia abrigado. Os carros pararam na margem do lago, a boa distância de Azzano e ainda debaixo de chuva o exausto grupo escalou o caminho íngreme até a vila de Bonzanigo. A curta jornada levou um quarto de hora e Clara, em seus saltos altos, apoiada em Mussolini de um lado e em Pedro de outro, estava tão cansada que foi obrigada a parar para repousar. Pouco depois bateram na porta do lavrador. Eram três horas da madrugada do dia 28 de abril. Todos foram imediatamente introduzidos na casa, tomaram café e Mussolini e Clara foram alojados, na medida do possível, num quarto no segundo pavimento, onde havia uma cama de casal. Dormiram o sono da exaustão, enquanto em Milão discutia-se seu destino.

São tantos os relatos sobre como procedeu o Comitê de Libertação que é impssível determinar exatamente o que ocorreu. É certo, todavia, que os membros comunistas do Comitê tinham resolvido executar imediatamente tanto Mussolini como os demais membros do Governo Republicano Fascista; e Togliatti, mais tarde, declarou que tinha dado ordens nesse sentido, na qualidade de secretário do Partido Comunista e vice-premier da Itália. Os membros do Comitê que se incumbiram de cumprir as ordens de Togliatti foram Luigi Longo e Walter Audísio, este um ex-voluntário na guerra civil espanhola, sob os nomes de Giovanbattista di Cesare Magnoli e coronel Valério. Tudo indica que estes dois homens persuadiram seus companheiros de Comitê para confiar a Valério a missão de trazer Mussolini de volta a Milão, sem revelar que sua intenção era trazê-lo morto. De qualquer forma, o general Cadorna deu a Valério um salvo-conduto assinado pelo oficial de ligação norte-americano, autorizando-o a circular livremente, para executar uma missão que lhe foi confiada pelo Comitê Nacional de Libertação.

Com esse passe, Valério, acompanhado de outro comunista, Aldo Lampredi, deixou Milão na manhã, bem cedo, de 28 de abril e seguiu para Como com uma escolta de guerrilheiros armados. Na prefeitura Valério foi recebido pelo novo prefeito, a quem declarou que tinha instruções para conduzir Mussolini e os demais fascistas capturados em Dongo, para Milão. Segundo um dos muitos relatos posteriores de Valério, o prefeito revelou um ciúme mesquinho, próprio de seu espírito burguês, ou em outras palavras: demonstrou relutância em permitir que Mussolini fosse tirado das mãos dos guerrilheiros locais. Houve então uma longa e acre discussão, mas prevaleceu a determinação implacável de Valério, que prosseguiu seu caminho para Dongo.

Lá chegou ali pelas 14 horas, para só encontrar Pedro, o comandante guerrilheiro local, igualmente nada cooperativo. Valério estava furioso. Cada hora que passava, aumentava o risco de que os aliados pudessem intervir ou que outra circunstância qualquer lhe arrancasse a presa. Com brutalidade exigiu que Pedro entregasse logo os prisioneiros, e, quando Pedro se recusou alegando que a 52ª. Brigada, que tinha sido responsável pela sua captura, só os entregaria ao Comitê de Libertação, Valério retrucou: "Não se trata disso. Vim aqui para fuzilá-los." Houve uma altercação, mas Valério gritou que estava agindo sob instruções diretas do Comitê e pediu uma relação dos fascistas prisioneiros em Dongo. Quando recebeu a lista, ele anunciou que Mussolini e Clara Petacci deveriam morrer. Em seguida escolheu arbitrariamente 15 presos para serem executados, marcando os nomes com uma cruz. Alguns dos homens estavam na Municipalidade, enquanto quatro haviam sido transferidos, na noite anterior, para o quartel de Germasino. Concordou-se que enquanto Pedro seguiria para Germasino a fim de trazer os quatro homens para Dongo, Valério seguiria para Bonzanigo em busca de Mussolini e Clara. Pedro, ao mesmo tempo em que cumpria ordens superiores, tinha esperanças, ainda, de que a demora causada por essa manobra poderia frustrar os desígnios de Valério. Assim, Valério partiu para sua missão, tendo despachado Pedro, levando consigo dois membros da brigada guerrilheira local.

Mussolini acordou tarde e, depois de uma refeição simples fornecida pela mulher do lavrador, passou o dia esperando. Ali pelas 4 horas da tarde de 28 de abril, Valério irrompeu no quarto e anunciou que vinha resgatá-lo. Mussolini e Clara Petacci foram jogados apressadamente escadas abaixo, e através de um beco estreito, chegaram até um carro que estava à espera. Seguiram por uma estreita estrada da montanha, cerca de uma milha, em direção ao lago. Subitamente o carro parou em frente da Villa Belmonte, uma bela casa que ficava atrás de um muro de pedras de baixa altura. Mussolini e Clara receberam ordens de descer do carro, foram rapidamente colocados contra a parede, do lado esquerdo do portão e crivados de balas de metralhadora, quase a queima-roupa.

Dois homens foram deixados para vigiar os corpos, enquanto Valério voltava imediatamente para Dongo a fim de completar sua obra sangrenta. Os 15 homens escolhidos para a execução foram apressadamente levados para a praça e alinhados com o rosto voltado para o lago. Os protestos do prefeito eram ignorados. Foram concedidos apenas três minutos para as ministrações de um padre e os presos foram fuzilados por um pelotão de guerrilheiros. Imediatamente depois Marcello Petacci também foi executado.

Biblioteca "ÊXITO"
Nº 42.

Volumes publicados:

1. *Do Fracasso ao Sucesso na Arte de Vender*	Frank Bettger
2. *As Cinco Grandes Regras do Bom Vendedor*	P. Whiting
3. *Nova Técnica de Convencer*	Vance Packard
4. *Vença Pelo Poder Emocional*	Eugene J. Benge
5. *Simplificação do Trabalho*	R. N. Lebrer
6. *Do Fracasso ao Sucesso na Arte de Viver*	Harold Sherman
7. *Técnicas de Delegar*	Donald A. Laird
8. *Administração Humanizada*	A. J. Marrow
9. *Por que Elas Compram?*	Janet Wolf
10. *TNT — Nossa Força Interior*	H. Sherman e C. Bristol
11. *O Segredo da Eficiência Pessoal*	Donald A. Laird
12. *Novas Técnicas de Direção*	Auren Uris
13. *Liderança*	Auren Uris
14. *Realize Suas Aspirações*	Elmer Wheeler
15. *Técnicas Construtivas de Argumentação e Debate*	Cortright e Minds
16. *Dinamize Sua Personalidade*	Elmer Wheeler
17. *Vença Pela Força do Pensamento Positivo*	Pierre Vachet
18. *Formação de Dirigentes*	Auren Uris
19. *Venda Mais e Melhor*	Wallace K. Lewis
20. *A Chave do Sucesso*	D. W. Damroth
21. *Administração Racional de Empresas (12 vols.)*	Karl Ettinger
22. *Os Sete Segredos que Vendem*	Edward J. Hogarty
23. *Como Vencer a Batalha dos Negócios*	Eric Webster
24. *O Poder da Psicologia Positiva*	Napoleon Hill
25. *Psicologia Aplicada na Arte de Vender*	Donald A. Laird - Eleanor C. Laird
26. *Grandes Problemas e Grandes Soluções do Vendedor Moderno*	Percy H. Whiting
27. *Ajuda-te Pela Cibernética Mental*	U. S. Andersen
28. *Manual do Balconista Moderno*	Constantino Grecco
29. *Psicologia, Técnica e Prática de Vendas*	Constantino Grecco
30. *Administração Mercadológica*	Constantino Grecco
31. *Gerência de Vendas*	Constantino Grecco
32. *Marketing Simplificado*	Constantino Grecco
33. *Curso de Secretariado Moderno Datilografia, Taquigrafia, Caligrafia*	Luiza Chaibub
34. *Curso de Secretariado Moderno Comunicação e Correspondência*	Luiza Chaibub
35. *Super TNT — Liberte Suas Forças Interiores*	Harold Sherman
36. *O Poder da Meditação Transcendental*	Anthony Norvell
37. *O Poder da Comunicação*	J. V. Cerney

38. *O Poder das Forças Ocultas* — Anthony Norvell
39. *Leis Dinâmicas da Prosperidade* — Catherine Ponder
40. *A Psicologia da Comunicação* — Jesse S. Nirenberg
41. *O Poder da Cibernética Mental* — R. Eugene Nichols

Impressao e acabamento:

infinity

infinitygrafica.com.br/